Todo sobre divorcio y separación

Mercè Tabuenca Petanàs

TODO SOBRE DIVORCIO Y SEPARACIÓN

dve
PUBLISHING

A pesar de haber puesto el máximo cuidado en la redacción de esta obra, el autor o el editor no pueden en modo alguno responsabilizarse por las informaciones (fórmulas, recetas, técnicas, etc.) vertidas en el texto. Se aconseja, en el caso de problemas específicos —a menudo únicos— de cada lector en particular, que se consulte con una persona cualificada para obtener las informaciones más completas, más exactas y lo más actualizadas posible. EDITORIAL DE VECCHI, S. A. U.

© Editorial De Vecchi, S. A. 2019
© [2019] Confidential Concepts International Ltd., Ireland
Subsidiary company of Confidential Concepts Inc, USA
ISBN: 978-1-64461-425-9

Índice

INTRODUCCIÓN 9

DISPOSICIONES LEGALES

MARCO LEGAL Y CONCEPTOS BÁSICOS 13
Marco legal 13
Nulidad matrimonial, separación y divorcio 14
    Nulidad 15
    Separación 16
    Divorcio 17
Efectos comunes a la nulidad,
    separación o divorcio 19
Cuestiones básicas de procedimiento 20

MEDIDAS PROVISIONALÍSIMAS Y PROVISIONALES 23
Medidas provisionalísimas o previas 23
Medidas provisionales o coetáneas 24
Medidas provisionalísimas o provisionales
    que pueden solicitarse 27

LA SEPARACIÓN 29
La separación judicial 29
    La separación de mutuo acuerdo 30
    La separación contenciosa 34

Causas de separación 3 6
   Abandono injustificado, infidelidad, conducta
   injuriosa y otras violaciones de los deberes conyugales . 3 7
   Condena a pena de privación de libertad por un tiempo
   superior a seis años 4 0
   Alcoholismo, toxicomanía o perturbaciones mentales . . 4 0
   Cese efectivo de la convivencia conyugal
   durante seis meses, libremente consentido 4 1
   Cese efectivo de la convivencia conyugal
   durante el plazo de tres años 4 2
Procedimiento 4 2
La reconciliación 4 8
La separación de hecho 4 9

EL DIVORCIO 5 3
Causas 5 4
   Solicitud de separación de mutuo acuerdo 5 5
   Separación por procedimiento contencioso 5 6
   Cese efectivo de la convivencia conyugal de dos años . . 5 7
   Cese efectivo de la convivencia conyugal de cinco años . 5 8
   Intento de atentar contra la vida del cónyuge,
   de sus ascendientes o de sus descendientes 5 8
   Otras causas 5 9
Procedimiento 6 0

LA NULIDAD 6 1
Causas de nulidad 6 2
   Matrimonio celebrado sin consentimiento matrimonial . 6 2
   Matrimonio celebrado entre personas que no puedan
   contraerlo 6 3
   Matrimonio en el que no concurre ninguna autoridad . . 6 5
   Matrimonio por error 6 6
   Matrimonio contraído por coacción o miedo grave 6 6
Legitimación de las partes en un proceso de nulidad 6 6
El matrimonio putativo 6 7
Procedimiento 6 9

Los efectos derivados de las sentencias
de separación, divorcio o nulidad 71
Patria potestad, guarda y custodia de los hijos y régimen
    de visitas 72
    Patria potestad 72
    Guarda y custodia 73
    Régimen de visitas 75
Atribución del uso del domicilio familiar 76
Alimentación de los hijos 78
    Hijos menores de edad 78
    Hijos mayores de edad 80
Pensión compensatoria 83
Regímenes económico-matrimoniales 87
    Régimen económico-matrimonial 88
    Régimen de gananciales 89
    Régimen de separación de bienes 91
    Régimen de participación 92
Disolución y liquidación del régimen
    económico-matrimonial 93

Ejecución de las sentencias de separación,
divorcio y nulidad 95
El incumplimiento de lo acordado
    en sentencia judicial 95
    Impago de pensiones 96
    Incumplimiento del régimen de visitas 101
La vivienda 103
Gastos extraordinarios 104
Liquidación de la sociedad de gananciales 105
    Deudas y cargas 108

Modificación de las medidas acordadas en sentencia . 113
Procedimiento 115
Supuestos más habituales de modificación de medidas . . . 117
    Supuestos relativos a la modificación de la guarda
    y custodia o del régimen de visitas 118

Supuestos relativos a la modificación del uso
de la vivienda familiar 119
Supuestos relativos a la modificación de la pensión
alimentaria 120
Supuestos relativos a la modificación de la pensión
compensatoria 121

APÉNDICE

PRINCIPALES MODIFICACIONES INTRODUCIDAS
POR LA LEY 1/2000 DE 7 DE ENERO.
LA LEY DE ENJUICIAMIENTO CIVIL 127

MODELOS DE ESCRITOS JUDICIALES 131
Demanda de separación de mutuo acuerdo 134
Convenio de separación de mutuo acuerdo 137
Demanda de divorcio contencioso 140
Contestación a la demanda contenciosa de divorcio 145
Escrito solicitando la ejecución de sentencia 148
Demanda de modificación de medidas
adoptadas en sentencia 150

GLOSARIO 153

Introducción

La familia es una agrupación humana cuya concepción no constituye una realidad inmutable en el tiempo. La composición, los hábitos y las reglas que la rigen evolucionan constantemente. Así, una vez abandonado el concepto que antiguamente se tenía de la familia troncal, entendida como un colectivo extenso (padres, hijos, nietos, tíos, etc.) en el que convergían esfuerzos para atender conjuntamente a las necesidades globales de la familia, tendemos hacia un modelo de familia reducida o nuclear formada por padres e hijos todavía no independizados económicamente que basan su convivencia con sus progenitores en unas relaciones que se caracterizan por una mayor libertad e independencia.

Por otro lado, la propia sociedad va admitiendo nuevas instituciones y comportamientos que si bien en el pasado pudieron comportar ciertos prejuicios, en la actualidad se aceptan con normalidad. Son muestras de ello la aceptación del divorcio, con la consecuente desmembración y posibilidad de formar una familia distinta tras una inicial ruptura; la existencia de parejas de hecho hetero u homosexuales; la posibilidad de tener hijos fuera del matrimonio o fruto de diferentes uniones matrimoniales, todos ellos con idénticos derechos; el uso de los métodos anticonceptivos, etc.

El derecho de familia tiene por objetivo regular las relaciones básicas entre sus miembros, facilitando además pautas para la resolución de los conflictos de intereses que pudieren generarse. No obstante, la casuística de las relaciones personales impide que el derecho pueda regular expresamente la totalidad de situaciones puntuales que surjan en el día a día. Por ello tendremos que interpretar las normas legales, debiendo acudir, en el supuesto de discrepancias, al auxilio de la autoridad judicial.

A lo largo de este libro abordaremos el estudio de las figuras de la nulidad matrimonial; de la separación y del divorcio, analizando las diferencias entre dichas instituciones; los requisitos precisos para poder acudir a cada una de ellas; las consecuencias que las mismas implican; los procedimientos judiciales indicados para alcanzarlas y demás cuestiones que debamos conocer.

DISPOSICIONES LEGALES

Marco legal y conceptos básicos

Marco legal

La institución de la familia está amparada por la Constitución española de 1978, la cual sienta los principios básicos de que el hombre y la mujer tienen derecho a contraer matrimonio con plena igualdad jurídica, y el de que los poderes públicos asegurarán la protección social, económica y jurídica de la familia, considerándose iguales ante la ley todos los hijos, con independencia de su filiación. Se establece igualmente la obligación de los padres de prestar asistencia a los hijos durante su minoría de edad o en los casos que legalmente proceda.

No obstante lo anterior, el Código Civil, desarrollando los principios constitucionales, constituirá el texto legislativo básico al que tendremos que hacer referencia cuando tratemos el derecho de familia, a cuyo contenido nos remitiremos constantemente durante toda la exposición de esta publicación.

Por otro lado, y en lo relativo a los procedimientos a seguir para obtener la separación judicial, divorcio y nulidad, atenderemos a las disposiciones establecidas en una ley específica al efecto, la ley 30/1981 de 7 de julio, que nos concretará los pasos a desarrollar en todo momento, remitiéndonos en lo no regulado por el indicado texto legal a la denominada Ley de Enjuiciamiento Civil, ley básica en materia procesal en el ordenamiento jurídico civil español.

Así pues, los dos textos principales donde encontraremos el sustrato legal que precisaremos para el estudio de la materia concerniente al derecho matrimonial serán el Código Civil en cuanto a contenido (derechos y obligaciones de los cónyuges derivados del matrimonio, de la separación, divorcio o nulidad) y la Ley de Enjuiciamiento Civil en cuanto a procedimiento o forma para hacer valer y cumplir los derechos y obligaciones aludidos por vía judicial.

Si bien, como ya hemos indicado, la regulación de las relaciones familiares debemos encuadrarla principalmente en el derecho civil, no podemos olvidar que la familia y las diversas situaciones que en relación con la misma puedan derivarse tendrán asimismo repercusiones en otras esferas del ordenamiento jurídico, tales como el derecho penal, tributario o fiscal y en la protección dispensada por la Seguridad Social y entes u organismos administrativos.

Nulidad matrimonial, separación y divorcio

La convivencia matrimonial, aunque tiende a la permanencia, en ocasiones puede quebrar provocando situaciones de crisis que llevará a los esposos, bien sea de modo unilateral por parte de uno de ellos, o bien sea de común acuerdo, a la decisión de finalizar la relación de pareja que inicialmente habían convenido.

Ante tales circunstancias, la ley ha previsto mecanismos que proporcionarán diversos remedios a dichas eventualidades. El estudio detenido de tales alternativas se desarrollará en los próximos capítulos con la finalidad de determinar y diferenciar las soluciones a las que podremos acudir. Por el momento, expondremos los rasgos definitorios de las instituciones de la separación, el divorcio y la nulidad matrimonial.

No obstante, debemos dejar claro que los esposos podrán solicitar tal separación, divorcio o nulidad con total independencia de la forma en que celebraron su matrimonio. Esto es, tanto si se trató de un matrimonio religioso (canónico, por ejemplo) como si se casaron civilmente.

Además, desde el mismo momento en que el juzgado inicie la tramitación de cualquiera de los tres procedimientos anteriores, cesará la obligación legal de los esposos de convivir conjuntamente en el mismo domicilio, pudiendo pasar a residir separados.

Nulidad

La nulidad del matrimonio no es propiamente una respuesta legal a una situación de crisis matrimonial; no obstante ha sido frecuentemente empleada para tal finalidad.

Para contraer válidamente matrimonio es preciso que concurran determinados presupuestos o requisitos en el momento de su celebración. La no constancia de los mismos o su presencia imperfecta implicará que el matrimonio celebrado sea nulo.

Así pues, las causas que motivarán una futura declaración de nulidad debemos hallarlas en el momento de la celebración del matrimonio, lo cual ya supone una primera diferenciación respecto a las causas de separación judicial y de divorcio, cuyo origen habrá que buscarlo durante la vida del matrimonio.

Declarar judicialmente nulo un matrimonio implicará el reconocimiento de que el matrimonio nunca ha existido (a pesar de la apariencia del mismo), considerando que aquel ya era falso en su origen, es decir, desde el momento de su misma celebración. No

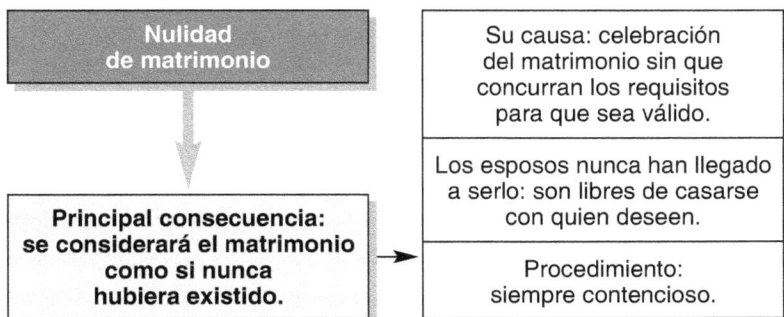

Nulidad de matrimonio	Su causa: celebración del matrimonio sin que concurran los requisitos para que sea válido.
Principal consecuencia: se considerará el matrimonio como si nunca hubiera existido.	Los esposos nunca han llegado a serlo: son libres de casarse con quien deseen.
	Procedimiento: siempre contencioso.

obstante, como ya estudiaremos, a este matrimonio nulo se le reconocerán determinados efectos.

Como la declaración de nulidad de un matrimonio supone el reconocimiento de la inexistencia legal del mismo, los dos miembros que fueron considerados erróneamente esposos podrán contraer nuevo matrimonio con plena libertad, cuando y con quien quieran.

Separación

La separación matrimonial conlleva el cese de la obligación de convivencia entre los esposos, lo cual modifica lógicamente los derechos y deberes de los mismos.

La separación puede obedecer a una mera situación de hecho (sin reconocimiento jurídico), unilateral o mutuamente consentida, o un pronunciamiento judicial establecido a través de la oportuna sentencia.

En todo caso, deberemos ya dejar claro desde el primer momento que los esposos separados no perderán la condición de marido y mujer.

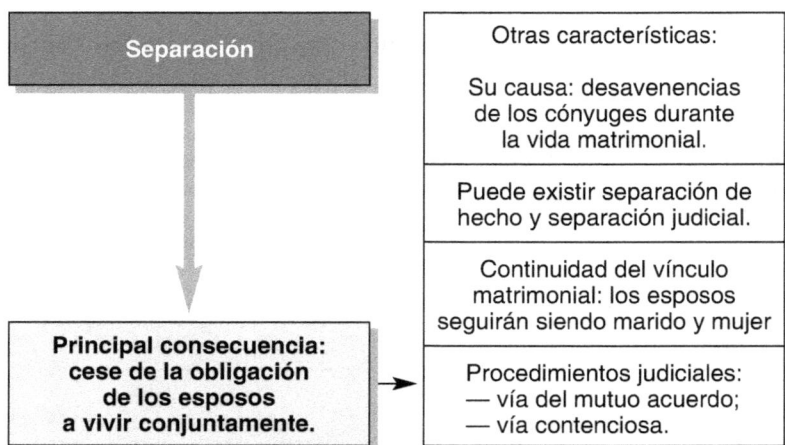

Separación	Otras características:
	Su causa: desavenencias de los cónyuges durante la vida matrimonial.
	Puede existir separación de hecho y separación judicial.
	Continuidad del vínculo matrimonial: los esposos seguirán siendo marido y mujer
Principal consecuencia: cese de la obligación de los esposos a vivir conjuntamente.	Procedimientos judiciales: — vía del mutuo acuerdo; — vía contenciosa.

Es precisamente la mencionada continuidad del vínculo matrimonial lo que diferencia la separación judicial del divorcio, puesto que en este último supuesto se disolverá el matrimonio y los esposos dejarán de serlo.

Queremos hacer también una breve referencia al modo en que los esposos podrán acceder a la separación judicial. Tal como ocurre en los casos de divorcio, serán dos los procedimientos judiciales previstos para que se declare una separación.

La posibilidad de acudir a uno u otro de los procedimientos indicados se basará en la existencia o no de un acuerdo entre los esposos respecto a la voluntad de separarse y sobre la totalidad de los efectos que deberán regular dicha separación. Si los cónyuges pactan entre ellos todos aquellos aspectos que regulen su separación, podrán acceder a la misma por la vía denominada del mutuo acuerdo. En caso contrario, de mediar discusión entre los cónyuges, deberán acudir a la separación contenciosa.

Según veremos, las consecuencias que comportarán la elección de cada una de las distintas vías serán considerablemente diferentes en cuanto a los requisitos exigibles de las partes y los trámites que deben realizarse. A pesar de ello, obtenida una sentencia de separación, lo dispuesto en la misma desplegará los mismos efectos con independencia del camino por el cual se haya obtenido.

Finalmente debemos hacer hincapié en que en la actualidad, tanto la separación como el divorcio, no hallan su fundamento en la atribución de culpabilidad a la actitud o comportamiento de uno de los esposos. La separación y el divorcio pretenden facilitar una solución jurídica a unas situaciones de crisis matrimonial, sin que ello comporte declarar la responsabilidad de cualquiera de los esposos en la ruptura del vínculo conyugal.

Divorcio

El divorcio constituye una causa de disolución del vínculo matrimonial. Obtenida la resolución de divorcio, cualquiera de los que en su día fueron esposos podrá contraer libremente nuevo matrimonio.

Es pues esta característica del divorcio la que lo diferencia básicamente de la separación, la cual, como ya hemos indicado, implica básicamente el cese de la obligación de convivencia, si bien no rompe el vínculo matrimonial.

Igualmente, al contrario de lo que ocurre en la separación matrimonial, el divorcio únicamente existirá previa declaración judicial, no pudiendo obedecer a una situación de hecho.

A pesar de todo lo anterior, los procedimientos judiciales legalmente previstos a fin de obtener el divorcio serán los mismos que los establecidos para conseguir la separación judicial, diferenciándose estos en que los esposos alcancen o no acuerdos sobre su voluntad de divorciarse y también en los distintos términos usados en ambas situaciones.

De este modo, podrá accederse al divorcio a través de un procedimiento basado en el mutuo acuerdo de los esposos o por una vía contenciosa en la que los cónyuges discutirán sus diferencias.

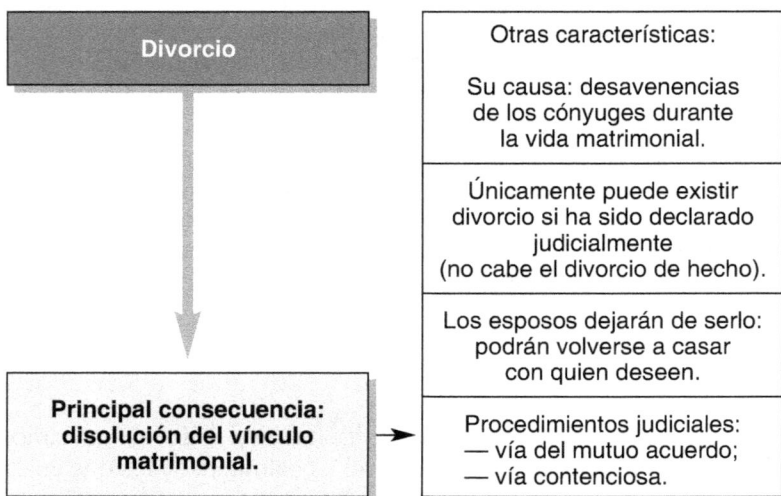

Divorcio	Otras características:
	Su causa: desavenencias de los cónyuges durante la vida matrimonial.
	Únicamente puede existir divorcio si ha sido declarado judicialmente (no cabe el divorcio de hecho).
	Los esposos dejarán de serlo: podrán volverse a casar con quien deseen.
Principal consecuencia: disolución del vínculo matrimonial.	Procedimientos judiciales: — vía del mutuo acuerdo; — vía contenciosa.

Efectos comunes a la nulidad, separación o divorcio

Una vez declarado nulo un matrimonio o acordada la separación de los esposos o su divorcio, nacerán unos derechos y obligaciones para cada uno de los cónyuges que vendrán a regular la nueva relación que se generará entre ellos.

Necesariamente una ruptura matrimonial ha de comportar cambios, más o menos importantes, en la forma de vida de los cónyuges. Una sentencia establecerá los parámetros básicos en que estos se producirán.

Así pues, la sentencia correspondiente no sólo establecerá la nulidad, separación o divorcio, sino que hará referencia a los efectos que regirán en cualquiera de los tres pronunciamientos anteriores en relación con los siguientes términos:

— qué progenitor se hará cargo del cuidado diario de los hijos sujetos a patria potestad (y que ostentará la guarda y custodia de los mismos) y cuál será el régimen de visitas del que gozará el padre que no resida con los hijos;
— a cuál de los esposos se atribuirá el uso de la vivienda y bienes familiares;
— se cuantificará la contribución que uno de los esposos deba satisfacer al otro en concepto de cargas del matrimonio y alimentos en favor de los hijos;
— se hará lo mismo para la liquidación, cuando proceda, del régimen económico-matrimonial;
— se establecerá una pensión compensatoria que, en su caso, corresponda abonar a uno de los cónyuges en favor del otro.

El estudio pormenorizado de todos y cada uno de estos extremos mencionados, a pesar de que inicialmente puedan parecernos de difícil comprensión, serán objeto de un análisis detallado en el capítulo «Los efectos derivados de las sentencias de separación, divorcio o nulidad» (pág. 71), al cual nos remitimos.

La relación anterior en esta parte introductoria tiene por única finalidad facilitar al lector una visión global de las principales cuestiones a considerar cuando hablemos de la regulación legal de la separación, divorcio o nulidad.

Con tal finalidad didáctica diremos también que, una vez acordados por el juez determinados efectos, acudiendo nuevamente ante los tribunales, el sentido de los mismos podrá ser objeto de variación si se modificaran sustancialmente las circunstancias que rodean a los esposos.

A la vez, en caso de que uno de los cónyuges incumpla cualquiera de los extremos acordados en sentencia, también se amparará al cónyuge perjudicado para que judicialmente se procure el efectivo cumplimiento de lo acordado en el mencionado pronunciamiento judicial.

Cuestiones básicas de procedimiento

Desde un punto de vista práctico podemos estar decididos a acudir a la vía judicial para pedir que sea declarada nuestra separación, divorcio o nulidad matrimonial. Pero una vez alcanzada esta decisión, se nos pueden plantear algunos interrogantes: ¿dónde tengo que interponer la demanda?, ¿cuál será el juez que deberá dictar la sentencia?, ¿cómo quedará constancia de la resolución judicial dictada?

Vamos a intentar resolver las posibles dudas que nos puedan surgir.

Primeramente, debemos indicar que los órganos judiciales españoles son competentes para resolver demandas de separación, divorcio y nulidad de matrimonio cuando los cónyuges sean ambos de nacionalidad española.

También podrán tramitar dichos juzgados cualquiera de los tres procedimientos matrimoniales indicados si, a pesar de ser ambos esposos extranjeros, residen los dos en España.

Por último, podrá acudirse a los tribunales de nuestro país en dos ocasiones más:

— si la persona que solicita la separación, el divorcio o la nulidad es española y reside en territorio español (con independencia de la nacionalidad y residencia del otro cónyuge);

— si la persona contra la cual se dirige una de las tres pretensiones indicadas reside en España (con independencia de la nacionalidad y residencia del otro cónyuge).

Concretando un poco más, podremos decir que el juez encargado de dictar inicialmente cualquier sentencia matrimonial es el nombre de juez de primera instancia. Como su propio nombre indica, su función será pronunciarse por primera vez sobre la conveniencia de decretar una separación, divorcio o nulidad. Como ya veremos, si alguna de las partes no estuviera de acuerdo con este pronunciamiento, siempre podrá recurrir a un órgano judicial superior que, por segunda vez, estudiará las cuestiones objeto de discusión entre los esposos, dictando una nueva sentencia.

Pero jueces de primera instancia hay en muchas localidades. Por ello el legislador ha tenido que continuar regulando para concretar que cualquiera de los procedimientos deberá iniciarse ante el juzgado de primera instancia del lugar donde se halle el domicilio conyugal.

En el supuesto de que ambos cónyuges no residan en el mismo domicilio, el legislador fijará nuevas pautas que nos permitirán determinar el juzgado que sea competente para resolver el caso que se plantea.

Finalmente realizaremos un amplio salto en el tiempo y, desde el inicio de cualquiera de los tres procedimientos judiciales que hasta ahora hemos comentado, nos trasladaremos a su momento final para realizar un breve comentario.

Una vez dictada sentencia de separación, divorcio o nulidad, debe dejarse constancia de tal circunstancia en algún archivo oficial y público.

A tal fin el legislador ha establecido que, de existir alguno de los tres anteriores pronunciamientos, este deberá anotarse en el Registro Civil donde constará inscrito en el apartado correspondiente.

Si, tal y como se establece por ley, debe inscribirse en el Registro Civil todo matrimonio celebrado entre dos personas, también es lógico que, una vez decretada la nulidad, separación o divorcio de los esposos, deba anotarse esta circunstancia también. Y ello en cuanto a la importancia que comportará el nuevo estado civil de los contrayentes (antes casados; ahora solteros o separados).

El juez que hubiere dictado la sentencia por propia iniciativa mandará inscribir en el Registro Civil cualquiera de los tres pronunciamientos, descargando a los propios esposos el tener que formalizar los correspondientes trámites.

Medidas provisionalísimas y provisionales

Medidas provisionalísimas o previas

En ocasiones las relaciones matrimoniales están tan deterioradas que requieren soluciones urgentes que las regulen. En estos casos, la respuesta legal no puede esperar a un pronunciamiento judicial que se pueda demorar en el tiempo, sino que exigirá una resolución rápida y efectiva.

Para conseguirla, el legislador prevé la posibilidad de que la parte que así lo considere oportuno solicite las denominadas medidas provisionalísimas o previas, cuya finalidad será proporcionar una solución urgente al esposo que la precise.

Se deberán solicitar ante el juez en supuestos de situaciones graves y forzosas (tales como mediar malos tratos físicos o psíquicos entre los esposos o a los hijos), exigiéndose como criterio general para que sean adoptadas que sea preciso, a fin de evitar un perjuicio irreparable para el cónyuge o para los hijos.

Dichas medidas deberán solicitarse con anterioridad a la interposición de la demanda de separación, divorcio o nulidad matrimonial; pero su efectividad viene condicionada a que en el plazo de treinta días —prorrogables por igual plazo si se justificara la necesidad—, la parte que ha instado las medidas provisionalísimas interponga la oportuna demanda de separación, divorcio o nulidad. En el caso de que así no lo hiciere, quedarán sin efecto las medidas previas que se hubieren adoptado.

Cualquiera de los cónyuges puede acudir ante la autoridad judicial sin necesidad de hallarse asistido de procurador y abogado y solicitar que se adopten las medidas o soluciones que estamos estudiando, debiendo hacer mención de la situación de urgencia en la que se encuentra y aportando las pruebas que posea y acrediten tal situación de necesidad.

Recibida la petición por el juzgado, se le comunicará al otro cónyuge la solicitud de medidas formulada por la parte adversa, permitiéndole que a su vez realice las alegaciones que condene oportunas. Finalmente, el juez resolverá fijando, de considerarlo conveniente, las medidas provisionalísimas que crea necesarias.

Como su propio nombre indica, las medidas provisionalísimas no tienen un carácter definitivo, sino que tienen como objetivo regular una situación transitoria a la espera de que el juez competente dicte resolución, acordando la separación, el divorcio o la nulidad y determinando a su vez en la sentencia los efectos definitivos que regirán las relaciones familiares.

Medidas provisionales o coetáneas

Las medidas provisionales, también denominadas *coetáneas*, son aquellas que se pueden instar en el mismo momento en que se interpone la demanda de separación, divorcio o nulidad, o incluso en un momento posterior del procedimiento cuando su adopción se considere precisa.

Las medidas provisionales presuponen una situación de conflicto entre los esposos que comporta la tramitación de un procedimiento matrimonial de tipo contencioso (donde no existe acuerdo entre los cónyuges en cuanto al modo de solucionar la crisis matrimonial en la que se encuentran).

En consecuencia, no cabe solicitar tales medidas en los procedimientos de separación o divorcio tramitados de común acuerdo, por cuanto necesariamente en ellos los contrayentes ya habrán pactado todas las pautas que regirán la nueva situación generada tras la ruptura matrimonial, no habrá discusión alguna.

A pesar de que a raíz de la crisis matrimonial no se haya generado una situación tan grave que precise la adopción de medidas provisionalísimas, será aconsejable instar medidas provisionales junto a la demanda que inicie un procedimiento judicial de nulidad matrimonial, separación o divorcio.

Tal conveniencia se halla justificada por la necesidad de establecer unas pautas que regulen las relaciones entre los esposos e hijos durante el periodo de tiempo que mediará entre el inicio de cualquiera de los citados procedimientos judiciales y su resolución.

Hemos de pensar que son varios los trámites a cumplimentar en todo proceso matrimonial, lo cual comportará que hayan transcurrido algunos meses hasta que obtengamos la perseguida sentencia que finalmente resuelva; la cual, en aras a la seguridad jurídica, a su vez podrá ser recurrida por las partes ante una instancia judicial superior, lo que acarreará una nueva espera.

Al igual que ocurrirá con las medidas provisionalísimas, las provisionales tendrán un carácter temporal limitado en el tiempo hasta el momento que exista sentencia firme que fije los efectos los cuales regularán definitivamente la nueva situación.

El juzgado, al dictar su sentencia, no se hallará vinculado o limitado por el sentido en que se pronunció al dictar las medidas provisionales o provisionalísimas. Las medidas definitivas podrán ser idénticas u opuestas a las provisionales.

Instadas las medidas provisionales por uno de los cónyuges, el juez citará a los esposos a una comparecencia. Durante la celebración de la misma, el esposo que no ha solicitado tales medidas manifestará lo que al mismo convenga, y ambos podrán además aportar o solicitar la práctica de las pruebas que acrediten la necesidad de adoptar las medidas pretendidas por cada uno.

Una vez realizada la citada comparecencia y practicadas las pruebas que el juez ha considerado procedentes, este dictará resolución judicial fijando las medidas provisionales que considere oportunas.

Si esta decisión judicial no se considera acertada por alguna de las partes, esta podrá oponerse a la misma con la finalidad última de que un órgano judicial de rango superior examine la competencia o no de las medidas adoptadas.

Medidas provisionales o coetáneas

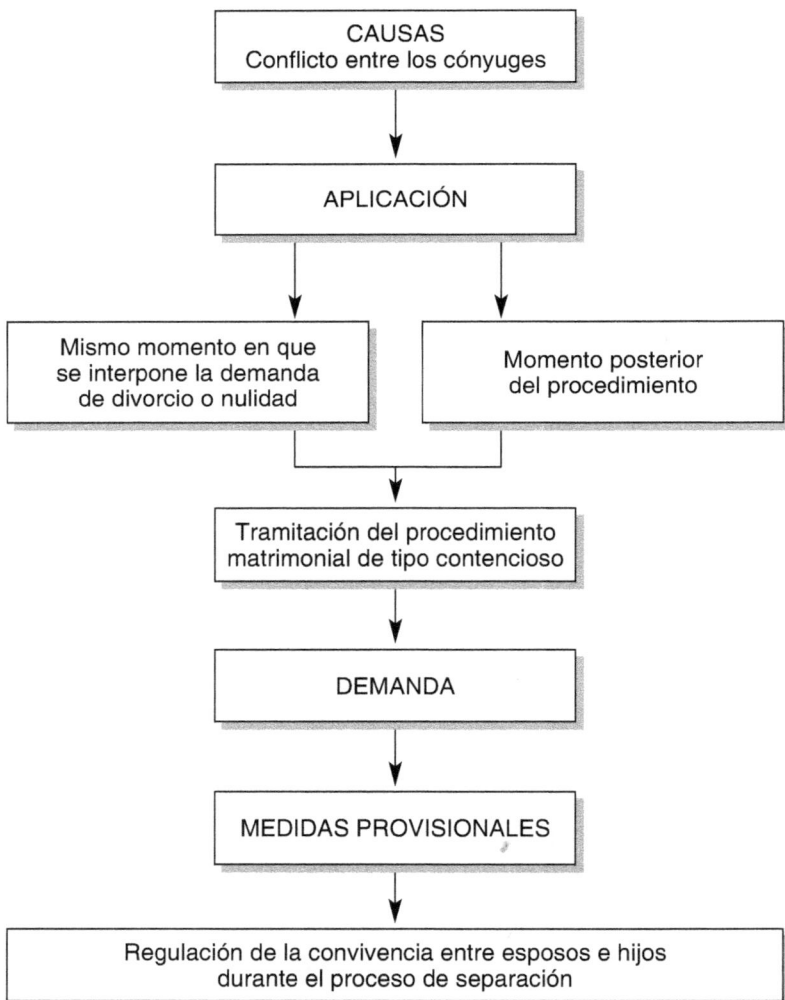

CAUSAS
Conflicto entre los cónyuges

↓

APLICACIÓN

↓

Mismo momento en que
se interpone la demanda
de divorcio o nulidad

Momento posterior
del procedimiento

↓

Tramitación del procedimiento
matrimonial de tipo contencioso

↓

DEMANDA

↓

MEDIDAS PROVISIONALES

↓

Regulación de la convivencia entre esposos e hijos
durante el proceso de separación

Medidas provisionalísimas o provisionales que pueden solicitarse

Tanto las medidas provisionalísimas o previas como las provisionales o coetáneas estarán destinadas a regular de modo temporal o transitorio los efectos de la separación, divorcio o nulidad. Es decir, regularán los mismos aspectos sobre los cuales se pronunciará el juez en su sentencia mientras esta no sea firme.

Así pues, las anteriores medidas versarán principalmente sobre cuál de los esposos convivirá con los hijos (guarda y custodia); generalmente el domicilio conyugal (uso de la vivienda familiar); sobre cuándo podrá el progenitor, que no conviva con los menores, permanecer en compañía de los niños (régimen de visitas); sobre la aportación económica que deberá este último progenitor satisfacer al otro cónyuge como forma de contribución a los gastos que los niños comporten (alimentos de los hijos), pudiéndose establecer igualmente una cantidad a abonar por el cónyuge con mayores recursos al más desfavorecido económicamente, a fin de sufragar las cargas familiares.

También puede solicitarse la adopción de medidas relativas al reparto entre los esposos del ajuar doméstico u otras tendentes a asegurar que la masa patrimonial de los esposos sea traspasada (vendida, donada, etc.) por uno de ellos sin el consentimiento o conocimiento del otro, y en perjuicio de los mismos, u otras que nos parezcan oportunas en cada momento.

Debemos aclarar que no siempre las medidas acordadas, provisional o definitivamente, se referirán a todos y cada uno de los aspectos relacionados. Deberemos atender a la situación concreta en la que nos hallemos.

Ello quedará claro a través de un ejemplo sencillo: si el matrimonio que se separa no tiene hijos, no procederá el solicitar la guarda y custodia de personas inexistentes, al igual que resultará imposible solicitar una cantidad en concepto de alimentos, ni fijar un régimen de visitas en favor de los mismos. Eso sí, cualquiera de los cónyuges del citado matrimonio que se separa podrá solicitar como medidas provisionales que le sea atribuido el uso de domicilio familiar, así como que se fije un cantidad determinada en concepto de cargas familiares, con la finalidad por ejemplo de satisfacer la hipoteca existente sobre el domicilio de la pareja.

No es el objetivo de este capítulo tratar con detalle el contenido detallado de todas y cada una de las medidas adoptadas como previas o coetáneas; por cuanto, al ser las cuestiones que estas regulan paralelas a aquellas que contemplarán las medidas adoptadas en sentencias de separación, divorcio o nulidad, todas ellas se regulan en el capítulo «Ejecución de las sentencias de separación, divorcio y nulidad» (pág. 95).

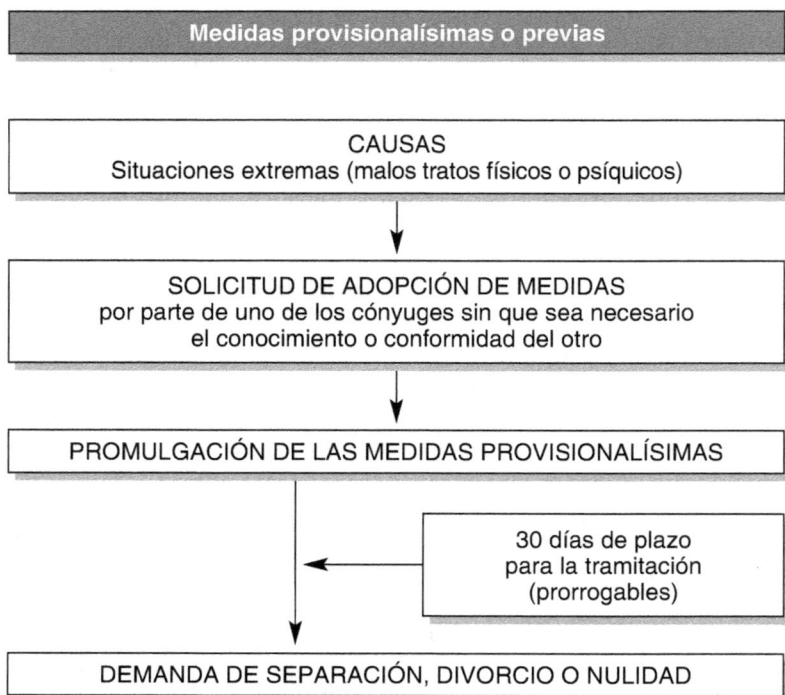

Medidas provisionalísimas o previas

CAUSAS
Situaciones extremas (malos tratos físicos o psíquicos)

↓

SOLICITUD DE ADOPCIÓN DE MEDIDAS
por parte de uno de los cónyuges sin que sea necesario el conocimiento o conformidad del otro

↓

PROMULGACIÓN DE LAS MEDIDAS PROVISIONALÍSIMAS

30 días de plazo
para la tramitación
(prorrogables)

↓

DEMANDA DE SEPARACIÓN, DIVORCIO O NULIDAD

La separación

La separación de los esposos puede obedecer a una situación meramente de hecho o, por el contrario, ser el resultado de una resolución judicial. Si un matrimonio está atravesando dificultades, los esposos pueden acordar separarse temporal o definitivamente sin solicitar el reconocimiento jurídico de dicho distanciamiento, o por el contrario, pueden optar por iniciar un proceso judicial para obtener una sentencia que establezca su separación y los efectos de la misma.

Esta doble posibilidad de separación (de hecho y judicial) comporta una diferencia sustancial con el divorcio, el cual, como veremos, únicamente se puede obtener judicialmente.

A lo largo de este capítulo profundizaremos en la separación judicial, abordando las vías previstas para su obtención y las causas en que puede basarse para acabar realizando algunas valoraciones sobre las separaciones de hecho.

La separación judicial

Existen dos vías claramente diferenciadas para obtener la separación judicial: la separación de mutuo acuerdo y la separación contenciosa. En ambos supuestos el resultado final será el mismo: el juzgado competente dictará una sentencia que regulará, en su caso, la separación de los esposos y sus efectos, mas los trámites a cumplimentar en cada uno de los dos procedimientos serán diversos.

Toda sentencia de separación producirá la suspensión de la vida en común de los casados, cesando la obligación de convivencia conjunta.

La separación de mutuo acuerdo

PRESUPUESTOS

Como su propio nombre indica, se basa en el presupuesto de que las partes implicadas están de acuerdo, tanto en separarse como en todos los efectos que regirán dicha separación.

En el caso de que, tras realizarse las negociaciones oportunas, no existiera un acuerdo global entre los esposos sobre todos los efectos que regirán su nueva situación, deberemos recurrir necesariamente a la separación contenciosa donde se discutirán aquellos extremos sobre los que no exista pacto.

La ley determina cuáles serán los extremos respecto a los cuales deberá coincidir la voluntad de las partes a fin de que se pueda acceder a la separación de mutuo acuerdo también denominada *consensual*.

Estos extremos serán aquellos efectos sobre los que se debe pronunciar toda sentencia a los que hemos aludido en la fase introductoria de este libro (véase «Marco legal y conceptos básicos», pág. 13) y que serán estudiados detenidamente en el capítulo «Los efectos derivados de las sentencias de separación, divorcio o nulidad» (pág. 71). No obstante volveremos a señalarlos a título de recordatorio. Los esposos deberán estar de acuerdo en relación con:

— qué progenitor se hará cargo del cuidado diario de los hijos sujetos a patria potestad (que ostentará la denominada guarda y custodia de los mismos) y cuál será el régimen de visitas del que gozará el padre que no resida con los niños;
— a cuál de los esposos se atribuirá el uso de la vivienda y bienes familiares;

— cuál será la contribución que el esposo que no conviva con los hijos deberá satisfacer al otro en concepto de alimentos en favor de los mismos;
— en qué términos se hará la liquidación, cuando proceda, del régimen económico-matrimonial;
— la cuantía que en concepto de pensión compensatoria que, en su caso, corresponda abonar a uno de los cónyuges en favor del otro.

Para poder optar por la separación consensual, deberá haber transcurrido un año desde que los esposos contrajeron matrimonio, no siendo necesario explicar al juzgado que tramite el expediente el motivo que ha llevado a los esposos a tomar la decisión de separarse.

PROCEDIMIENTO

Tanto para obtener una separación como un divorcio por vía del mutuo acuerdo, el procedimiento legalmente establecido es el mismo.

Los acuerdos alcanzados entre las partes se plasmarán en un documento que se denominará *convenio regulador*, el cual deberán suscribir (es decir, firmar) ambas partes como requisito previo al inicio del procedimiento judicial.

Llegados a este punto, ambos cónyuges o uno de ellos con el consentimiento del otro, asistidos de un abogado y un procurador, presentarán un escrito de demanda ante los juzgados competentes en el que se solicitará la separación de los esposos, interesando que sean aprobados los pactos alcanzados previamente entre los mismos y recogidos en el convenio regulador.

Deberá acompañarse a la mencionada demanda, junto a certificaciones de la inscripción del matrimonio y el nacimiento de los hijos en el correspondiente Registro Civil, el convenio al que hemos hecho referencia en el párrafo anterior.

A continuación, el juzgado requerirá a las partes para que, compareciendo las mismas en sus dependencias, procedan a ratificar por separado la petición de separación o divorcio efectuada. A cada uno de los esposos se le presentará el convenio suscrito en su día y se le preguntará si se reafirma en su contenido.

La exigencia del trámite que estamos analizando se basa en el interés del legislador en garantizar que el convenio matrimonial presentado ante el juzgado obedezca a la libre y verdadera voluntad de los esposos, alcanzada tras la oportuna reflexión, sin que medie para su obtención fuerza, violencia o presión alguna sobre ninguno de los casados.

En el supuesto de que alguno o ambos esposos no ratificase el convenio regulador, no podría tramitarse la separación o el divorcio por la vía del mutuo acuerdo, por lo cual deberíamos iniciar un procedimiento contencioso a fin de obtener la pretendida separación.

Una vez ratificado el convenio, el juez verificará que las partes hayan aportado toda la documentación precisa para la tramitación de la separación o el divorcio. En el caso de que esta estuviera incompleta, se concederá un plazo a las partes para que la completen.

Tras ello, si el matrimonio tuviere hijos menores de edad o incapacitados, el juzgado pondrá las actuaciones practicadas en conocimiento del ministerio fiscal con la finalidad de que este se manifieste sobre si considera convenientemente protegidos los derechos de tales hijos menores o incapacitados, a tenor de los acuerdos alcanzados por los padres en el convenio regulador.

En derecho matrimonial, siempre que en el momento de la petición de separación, divorcio o nulidad existan hijos menores de edad o incapacitados, fruto de la unión conyugal entre los esposos, intervendrá el ministerio fiscal, cuya misión será en todo momento velar por la defensa de los intereses de los mencionados hijos.

Si se considerase que el convenio matrimonial no ampara suficientemente el interés de los hijos, se acordará que las partes le presenten un nuevo texto de convenio que proteja más acertadamente a los descendientes, pudiendo las partes aportar las pruebas en que sustenten sus pretensiones.

Finalmente, el juez dictará sentencia.

En el supuesto de que el fallo concediese la separación o el divorcio pero no aprobase en algún punto el convenio regulador, se

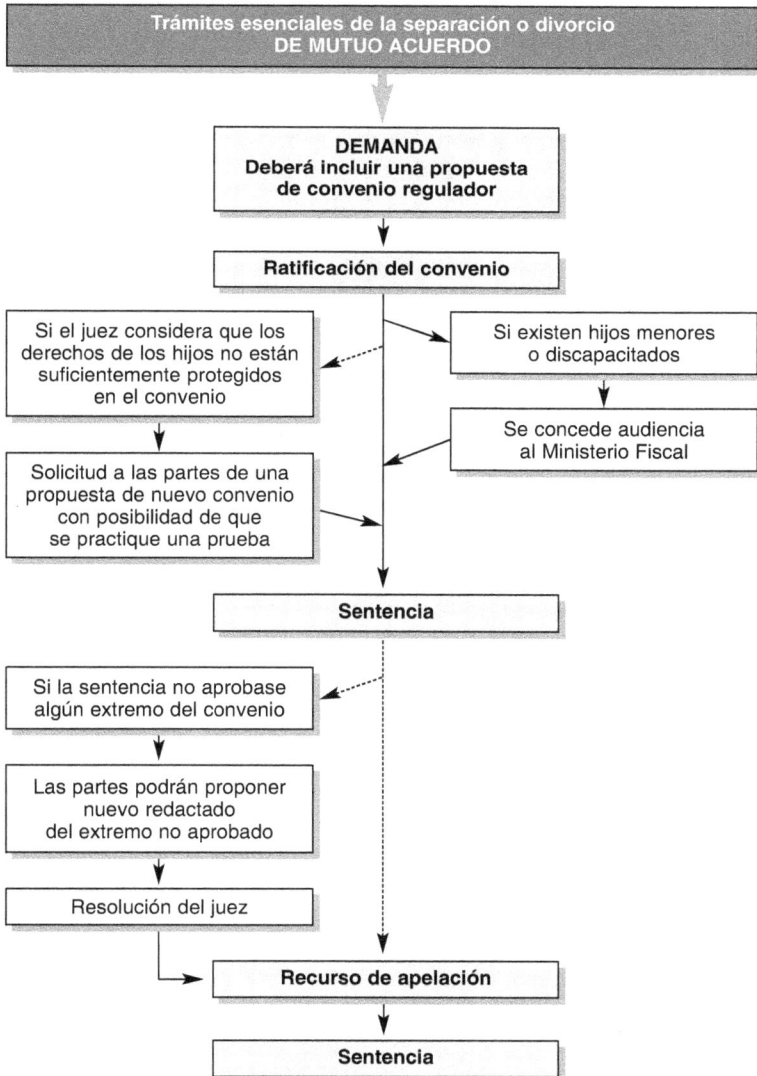

**Trámites esenciales de la separación o divorcio
DE MUTUO ACUERDO**

DEMANDA
Deberá incluir una propuesta
de convenio regulador

Ratificación del convenio

Si el juez considera que los derechos de los hijos no están suficientemente protegidos en el convenio

Si existen hijos menores o discapacitados

Se concede audiencia al Ministerio Fiscal

Solicitud a las partes de una propuesta de nuevo convenio con posibilidad de que se practique una prueba

Sentencia

Si la sentencia no aprobase algún extremo del convenio

Las partes podrán proponer nuevo redactado del extremo no aprobado

Resolución del juez

Recurso de apelación

Sentencia

concederá la oportunidad a las partes para que propongan un nuevo convenio en lo relativo al mencionado punto tras lo cual el juzgado resolverá definitivamente.

La sentencia y la resolución a la que nos hemos referido en el párrafo anterior son susceptibles de recurso ante un juzgado superior en el plazo de cinco días desde que hayan sido notificadas.

Hasta aquí hemos expuesto concisamente el procedimiento legalmente previsto para la obtención de una sentencia de separación o divorcio de mutuo acuerdo. Puede parecer en una rápida lectura que es un proceso largo y farragoso. Pero en la práctica se nos aparece como una solución rápida y sencilla.

En la mayoría de los casos, el procedimiento se reduce a la presentación de la demanda que, una vez ratificada por los esposos y visada por el ministerio fiscal (si hay hijos menores o incapacitados), acabará con una sentencia que recogerá las pretensiones sostenidas por ambos cónyuges.

Aunque la ley prevé, como hemos visto, la posibilidad de que se realicen durante la tramitación del procedimiento de mutuo acuerdo otros trámites (aportar documentación que ha sido presentada de modo incompleto, proceder a la modificación del convenio regulador durante el proceso, etc.), en la práctica diaria estos no suelen plantearse.

La separación contenciosa

Si para la tramitación de la separación de mutuo acuerdo se requiere como presupuesto legal, juntamente con las formalidades de procedimiento, únicamente el hecho de que los esposos lleven casados un periodo superior a un año, sin que los mismos deban en ningún momento indicar o justificar el motivo de la separación pretendida, ello no ocurre igual en el supuesto de que accedamos a la separación por la vía contenciosa.

La concesión de una separación por vía contenciosa estará supeditada a que el cónyuge que pretenda tal separación pruebe que esté basada en uno de los motivos previstos por el legislador como

Trámites esenciales de la separación o divorcio CONTENCIOSO

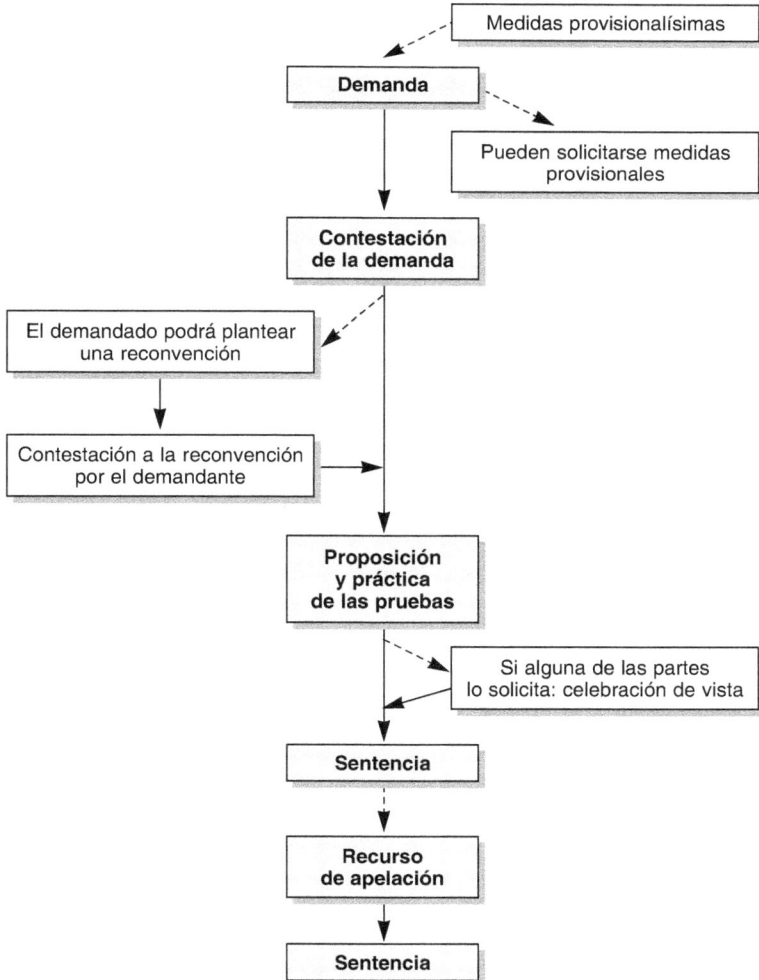

Medidas provisionalísimas

Demanda

Pueden solicitarse medidas provisionales

Contestación de la demanda

El demandado podrá plantear una reconvención

Contestación a la reconvención por el demandante

Proposición y práctica de las pruebas

Si alguna de las partes lo solicita: celebración de vista

Sentencia

Recurso de apelación

Sentencia

causas de separación. Dicho de otro modo, la separación contenciosa procederá exclusivamente si esta se halla fundamentada en una de las causas previstas y tasadas por el legislador. La simple voluntad de uno de los cónyuges de separarse, frente a la oposición del otro y sin motivo alguno, no comportará que dicha separación pueda decretarse sin más. Como ya veremos, los tribunales han interpretado ampliamente, en ocasiones, alguno de los motivos o causas que darán lugar a la separación, lo cual permite subsumir en las mismas una amplia gama de comportamientos de los esposos.

Causas de separación

Las causas de separación son las siguientes:

— el abandono injustificado del hogar, la infidelidad conyugal, la conducta injuriosa o vejatoria y cualquier otra violación grave o reiterada de deberes conyugales;
— cualquier violación grave o reiterada de los deberes respecto de los hijos comunes o respecto de los de cualquiera de los cónyuges que convivan en el domicilio conyugal;
— la condena a pena de privación de libertad por tiempo superior a seis años;
— el alcoholismo, la toxicomanía o las perturbaciones mentales, siempre que el interés del cónyuge que no sufre estas patologías o de la familia en general exijan la suspensión de la convivencia;
— el cese efectivo de la convivencia conyugal durante seis meses, libremente consentido;
— el cese efectivo de la convivencia conyugal durante el plazo de tres años;
— cualquiera de las tres últimas causas de divorcio que figuran en la página 55.

Dichas causas, y más claramente las tercera, cuarta y quinta, se comentarán cuando comencemos el estudio de la institución del divorcio.

Aunque dichas causas son motivo directo de divorcio, los esposos pueden alegarlas para obtener la separación.

En la práctica, sin embargo, si los esposos pueden acogerse a las mencionadas causas, generalmente preferirán solicitar antes el divorcio que la separación, por lo que esta causa de separación tiene poca eficacia real.

Como anticipo diremos que las causas tercera y cuarta a las que nos hemos referido prevén la posibilidad de conseguir el divorcio por haber transcurrido diferentes periodos de tiempo desde que los esposos se hallan separados de hecho. No obstante, el periodo de separación de hecho previsto como causa de divorcio es superior al preciso para solicitar la separación.

La causa quinta contempla como motivo de divorcio la condena en sentencia firme de uno de los esposos por atentar contra la vida del cónyuge, sus descendientes o ascendientes.

A continuación, pueden verse con más detalle estas causas.

Abandono injustificado, infidelidad, conducta injuriosa y otras violaciones de los deberes conyugales

Esta causa de separación merece un comentario detenido, ya que engloba supuestos diferentes que estudiaremos por separado.

ABANDONO INJUSTIFICADO DEL HOGAR

Los esposos tienen obligación legal de convivir juntos en el domicilio familiar. Por ello, el abandono del hogar, en la medida en que supone que uno de los cónyuges deja de residir en la vivienda familiar para instalarse en otro lugar distinto implica, si el mismo no está justificado, un incumplimiento de los deberes conyugales y se constituye como causa de separación.

Será básico determinar cuándo dicho abandono se halla o no justificado por cuanto, únicamente en el segundo caso, será constitutivo de causa de separación.

Para ello deberemos atender el caso concreto ante el cual nos encontremos. Se entenderá justificado, a título de ejemplo, el abandono del hogar si tal decisión obedece a motivos laborales o profesionales (traslado del puesto de trabajo a un punto geográficamente alejado) y generalmente también en aquellas situaciones en que la persona que lo lleva a cabo basa tal decisión por temor ante las continuas amenazas o malos tratos procedentes del abandonado.

En todo caso, sea cual fuere la razón o motivo del abandono, este no podrá considerarse como causa de separación si en el plazo de treinta días desde que se marchó, el cónyuge que tomó tal determinación interpone una demanda de separación, divorcio o nulidad.

INFIDELIDAD CONYUGAL

No será siempre causa de separación. En concreto, no podrá invocarse la infidelidad conyugal en dos supuestos: si con anterioridad al acto o actos de infidelidad existe separación de hecho de los esposos libremente consentida por ambos o impuesta por el que la alegue.

Con la primera de las excepciones mencionadas, se pretende evitar que se pueda considerar como causa de separación aquella conducta protagonizada por uno de los esposos que, una vez separado con el consentimiento de su cónyuge, tras el transcurso del tiempo, ha rehecho su vida junto a otra persona.

La segunda excepción impide que el esposo que ha obligado a la ruptura matrimonial y a la separación de la pareja pueda con posterioridad alegar, en su propio beneficio, la infidelidad del cónyuge abandonado, ligado a una nueva relación sentimental con una tercera persona.

En la práctica, la existencia de esta causa de separación será difícil de probar atendiendo a la naturaleza íntima y privada de los actos que comportan la misma, siendo igualmente en muchas ocasiones complejo de deslindar y acreditar cuándo la promiscuidad acontece durante la vigencia de la unión matrimonial, y puede ser incluso motivo de ruptura de la misma, y cuándo la infidelidad se inicia con posterioridad a la separación de los esposos.

CONDUCTA INJURIOSA O VEJATORIA

Nos estamos refiriendo a aquellas conductas que comportan un incumplimiento de la obligación de mutuo respeto entre los cónyuges y atentan contra la integridad física o psíquica de uno de ellos (amenazas, agresiones, etc.), siempre y cuando tales comportamientos sean graves o reiterados.

La violación grave o reiterada de los deberes conyugales es la causa más genérica de todas las legalmente previstas para acceder a la separación —la cual a su vez se convierte en un cajón de sastre para que a través de la misma podamos alegar aquellas conductas que puedan motivar la separación y que no hayan sido contempladas expresamente por el legislador.

Actualmente existe un importante sector de la jurisprudencia que, interpretando de forma amplia esta causa primera de separación que estamos comentando, se inclina por concederla en aquellos supuestos que se han constatado a lo largo del proceso matrimonial, el cese de la voluntad de los esposos de sentirse mutuamente vinculados maritalmente (desaparición de la *affectio maritalis*), derivada de la incompatibilidad de caracteres entre los mismos y de un estado de ánimo de mutua discordia que hace imposible la convivencia de los esposos en armonía. No exige, pues, que los esposos se hayan infringido graves perjuicios.

El amplio abanico de subcausas de separación que contempla esta primera causa comentada (infidelidad, abandono injustificado del hogar, etc.), la posibilidad de incluir en esta causa circunstancias no detalladas específicamente (cualquier conducta) y la generosa interpretación que de este motivo de separación están realizando algunos tribunales han comportado que en la práctica diaria se alegue la misma en la gran mayoría de separaciones que se solicitan.

VIOLACIÓN GRAVE O REITERADA DE LOS DEBERES HACIA LOS HIJOS

Debemos observar que en esta ocasión se pretende proteger los intereses de los hijos que residan junto a los cónyuges, independientemente de si son mayores o menores de edad, de si son adoptados por los esposos que se separan y de si han nacido fruto de esta unión matrimonial o, si por el contrario, es únicamente uno de los esposos el progenitor biológico del hijo (nacido este de un matrimonio o relación sentimental anterior).

En esta causa de separación cabrá englobar todas aquellas conductas altamente reprochables que puedan llevar a cabo los padres frente a sus hijos, siendo claros ejemplos de las mismas los supuestos de insultos y malos tratos a los hijos, la explotación o abusos sexuales causados a los mismos, etc.

Condena a pena de privación de libertad por un tiempo superior a seis años

Para que podamos alegar efectivamente esta causa de separación, será preciso que exista una sentencia firme que disponga tal privación de libertad.

Ello comporta que en aquellos supuestos en que uno de los cónyuges venga acusado por un delito de pena superior a seis años, sin haber sido todavía juzgado, o bien esté condenado en virtud de sentencia que se halle recurrida, no será aplicable la causa que comentamos.

Ahora bien, a diferencia de lo que ocurrirá cuando nos hallemos ante las causas de divorcio (causa quinta), en este caso, será indiferente el delito por el que el cónyuge haya sido condenado: delito de terrorismo, tráfico de drogas, asesinato, violación, etc.

Alcoholismo, toxicomanía o perturbaciones mentales

Se consideran causa de separación siempre que el interés del cónyuge que no sufre estas patologías o de la familia en general exijan la suspensión de la convivencia.

El mero hecho de que uno de los esposos sufra una de las enfermedades citadas no implica que nazca instantáneamente una causa de separación. Para que ello se produzca, será preciso que la existencia de tal enfermedad sea incompatible con la vida familiar, lo que en la práctica supondrá que nazcan situaciones de graves tensiones entre sus miembros que comporten insultos, amenazas, agresiones físicas o psíquicas que impidan la convivencia conyugal y familiar en general.

Cese efectivo de la convivencia conyugal durante seis meses, libremente consentido

En esta causa de separación, y en la que se estudiará a continuación, el legislador se hace eco de la realidad social conocida como separación de hecho: cuando los esposos se separan sin sentir la necesidad de obtener un pronunciamiento judicial de tal distanciamiento.

Si transcurridos unos meses o años uno de los dos esposos, que ya llevan vidas separadas, pretende el reconocimiento que inicialmente no precisó, podrá hacer valer la existencia de tal separación práctica como causa de separación.

No obstante debemos hacer constar que el cese efectivo de la convivencia conyugal no siempre deberá exigir que los dos esposos pasen a residir en un domicilio diferente, aunque suele ser lo más habitual. El cese de la convivencia también se producirá cuando los esposos sigan residiendo en la misma vivienda, siempre y cuando se consiga probar que ello obedezca a la imposibilidad de los cónyuges de financiarse cada uno un domicilio diferente o cuando la convivencia bajo un mismo techo se acuerde en interés de los hijos. De modo contrario, y como es lógico, la interrupción de la convivencia por motivos laborales o profesionales no implicará el cese efectivo de la coexistencia.

Después de realizar unas valoraciones genéricas, vamos ahora a analizar concretamente esta causa quinta de separación. En este apartado se contemplan aquellos supuestos en que la separación inicial obedeció a una decisión compartida por los esposos o adoptada por uno de ellos con el consentimiento del otro. Si los esposos se separaron en contra de la voluntad de uno de ellos, deberemos acudir a lo dispuesto en el próximo motivo de separación que estudiaremos.

En esta ocasión será básico atender a lo que deberemos considerar como cese de la convivencia libremente consentido. A este respecto el legislador dispone que se entenderá prestado tal consentimiento por uno de los cónyuges cuando el otro le haya requerido indiscutiblemente para prestarlo, advirtiéndole expresamente de las consecuencias de ello y el primero no mostrase su voluntad en contra o pidiese la separación o medidas provisionalísimas en el plazo de seis meses desde el citado requerimiento.

Se desprende de lo anterior que la ley ha querido establecer un sistema de presunciones a partir de las cuales pueda considerar o no la existencia de libre consentimiento al cese y a la convivencia. Para ello obliga a que quien pretende alegar dicho consentimiento requiera al otro con objeto de que este pueda manifestarse al respecto.

Cese efectivo de la convivencia conyugal durante el plazo de tres años

El simple caso de que los esposos hayan estado separados de hecho durante tres años se constituye como una causa de separación.

Ello con total independencia de que tal separación haya contado con la conformidad de ambos cónyuges o haya sido impuesta de forma unilateral por uno de los esposos, aun con la oposición expresa de su cónyuge.

Procedimiento

Al igual que ocurre con el procedimiento de mutuo acuerdo, el procedimiento contencioso de separación es el mismo previsto para la obtención del divorcio. Por este motivo nos referiremos conjuntamente tanto a la separación como al divorcio contencioso.

Antes de comentar cada uno de los pasos que deberemos seguir durante la tramitación del procedimiento contencioso, debe quedarnos claro que, en cualquier momento previo que en dicho proceso se dicte la sentencia, los esposos podrán llegar a un acuerdo en los términos que hayan sido exigidos en el procedimiento de mutuo acuerdo.

En estos casos, se solicitará al juzgado que tramite la separación o el divorcio contencioso que suspenda la consecución de dicho procedimiento para pasar a tramitar esa misma separación o divorcio por la vía del mutuo acuerdo. A este efecto, como ya sabemos, los esposos aportarán un convenio regulador, el cual, una vez ratificado a presencia judicial, de no ser el inadecuado, será aprobado judicialmente, decretándose la separación o el divorcio solicitados.

Entremos ahora a estudiar las diferentes fases del procedimiento contencioso. La tramitación de todo proceso matrimonial de separación o divorcio por la vía contenciosa se iniciará mediante un escrito de demanda que interpondrá el cónyuge cuya voluntad será la de obtener la mencionada separación o divorcio, siempre convenientemente asistido de letrado y procurador.

La persona que iniciará la reclamación judicial se denominará *demandante* o *actor*, mientras que el cónyuge contra el que se dirigirá la demanda, responderá al nombre de *demandado*.

En dicho escrito de demanda, tras especificarse los datos del actor y demandado (datos de ambos cónyuges), se detallará la pretensión sostenida por el demandante (es decir, la voluntad de obtener la separación o el divorcio judicial), la causa legal en la que dicha petición se ampara y, tras exponer los hechos que se consideren pertinentes, se relacionarán los pronunciamientos o efectos que quien promueve el procedimiento espera que contemple la resolución judicial.

Para facilitar la comprensión de la estructura de una demanda, u otros escritos dirigidos al juzgado, el lector puede acudir al capítulo del apéndice «Modelos de escritos judiciales» (pág. 131) donde se exponen varios ejemplos.

El juzgado, una vez recibida la demanda, la comunicará al cónyuge demandado, concediéndole el plazo de veinte días para que este comparezca ante el citado juzgado, aportando el escrito de contestación, también denominado de oposición, a la demanda.

Igualmente pondrá en conocimiento del ministerio fiscal la existencia del procedimiento iniciado, si los esposos tuvieren hijos menores o incapacitados en el momento de separarse o divorciarse.

El esposo demandado estará asistido, al igual que la parte actora, de abogado y procurador pero, a diferencia de lo que ocurre en el procedimiento de separación o divorcio de mutuo acuerdo, de hallarnos en un procedimiento contencioso, ambas partes no podrán resultar asistidas por un mismo letrado y procurador sino que precisarán cada una de ellas de la asistencia de dos profesionales que serán personas diferentes de los que representen y defiendan a la parte contraria.

En el escrito de contestación a la demanda, el demandado deberá rebatir las alegaciones formuladas por el otro cónyuge (actor) al iniciar el procedimiento judicial.

Podrá ocurrir que el esposo demandado no desee la separación o el divorcio instado por la parte adversa, pero igualmente podrá suceder que el primero esté de acuerdo con la concesión de tal petición pero no considere adecuados los efectos que comportará la concesión de la separación o divorcio rogados. En ambos casos, expondrá sus motivos de oposición en el escrito de contestación a la demanda, y formulará su propuesta alternativa: las solicitudes efectuadas de adverso, esto es, indicará cuáles son sus pretensiones en el pleito.

En este escrito de contestación a la demanda, el demandante no verá sin embargo su papel reducido a la posibilidad de negar las alegaciones efectuadas por la parte contraria. A través del mecanismo de la llamada *reconvención*, podrá introducir nuevos extremos o peticiones, siempre y cuando estos pudieran ser discutidos en un procedimiento matrimonial, debiendo guardar las nuevas pretensiones aducidas en relación directa con la naturaleza del pleito iniciado.

En el supuesto de que el demandante formulase reconvención en el momento de contestar la demanda, para no dejar en una situación de indefensión al actor o la actora, a este se le dará traslado de los nuevos extremos planteados en el procedimiento para que, en el plazo de diez días, pueda formular a su vez las consideraciones que estime convenientes con relación a los nuevos aspectos planteados en la reconvención.

Un ejemplo servirá para aclarar el concepto de reconvención. Supongamos que el señor A insta demanda solicitando la separación de la señora B y solicita como único efecto de la misma que se le conceda el uso del domicilio familiar. La señora B podrá consentir la separación, mas se podrá oponer a que el uso del citado domicilio sea otorgado al señor C, solicitando además que este último le abone una cantidad mensual en concepto de pensión compensatoria. En este caso, la señora B no sólo se estará oponiendo a la demanda sino que además, al solicitar que se le abone una pensión compensatoria (pretensión nueva introducida en el pleito), estará formulando una reconvención.

Contestada la demanda, y en su caso la reconvención, el juzgado dará comienzo a la fase probatoria del procedimiento. Durante treinta días, ambas partes podrán proponer las pruebas que acrediten los hechos y justifiquen las pretensiones que alegan. Examinadas las pruebas interesadas por ambas partes, y durante el indicado plazo, el juzgado acordará la práctica de aquellas que sean oportunas para resolver las discusiones vertidas en el pleito.

En el supuesto excepcional de que una de las dos partes propusiese la práctica de alguna prueba los dos últimos días del periodo de treinta habilitados a tal fin, se concederá un plazo extraordinario para practicar la misma, dándose la posibilidad a la parte contraria de proponer a su vez prueba sobre los mismos extremos.

Cabe proponer en los procesos matrimoniales todas aquellas pruebas admitidas en Derecho. Generalmente en los pleitos de temática matrimonial, las partes recurrirán a pruebas consistentes en aportar al juzgado cuanta documentación se posea que resulte de interés (prueba documental); someter a un interrogatorio de preguntas a la parte contraria para que reconozca determinados hechos (prueba de confesión en juicio); interrogar igualmente a testigos que puedan verificar alguna de las pretensiones requeridas (prueba testifical); facilitar al juez la posibilidad de dialogar con el hijo menor de edad (exploración del menor) e incluso, de ser preciso, recurrir a la intervención de peritos para que emitan un informe psicosocial sobre el menor o psiquiátrico de uno de los esposos (prueba pericial).

Igualmente se podrá solicitar al juzgado que reclame una información relevante para aclarar lo discutido en el proceso (a la que la parte que la pretende no ha tenido acceso) a aquella persona, entidad u organismo que pueda facilitarla.

Por ejemplo: requerir a la empresa donde trabaja el cónyuge A para que informe al juzgado de la cuantía que cobra mensualmente en concepto de salario.

Una vez practicadas todas las pruebas, entraremos en la fase de decisión del procedimiento. A pesar de ello, previamente a que el juez proceda a dictar sentencia, ambas o cualquiera de las partes podrán solicitar una fecha para la celebración de una vista.

La celebración de la vista comportará que las partes en el proceso podrán acudir ante el juzgado para exponer las conclusiones a las que hayan llegado tras el examen del resultado de las pruebas prácticas. A través de dichas valoraciones, intentarán acreditar la conveniencia de que la sentencia se pronuncie en el sentido pretendido por cada una de ellas durante el procedimiento.

Pedir la celebración de una vista es potestativo de las partes. Si ninguna de las partes la reclamara, este trámite no se cumplimentaría yéndose directamente al paso siguiente.

De considerarlo oportuno, el juez podrá acordar, en aras a establecer o aclarar sus correctas apreciaciones, la práctica de alguna prueba que estimase conveniente (las denominadas *pruebas para mejor proveer*).

Agotado el plazo de la fase probatoria, y habiéndose formalizado o no la vista y la práctica de alguna prueba para mejor proveer, el juez dictará sentencia.

La obtención de sentencia es el resultado final perseguido en todo procedimiento judicial. En la sentencia, el juez se pronunciará sobre todas las cuestiones que, planteadas durante la tramitación del pleito, hayan resultado controvertidas entre las partes.

La resolución del juez deberá hallarse fundamentada explicando el juez los motivos que le han llevado a resolver en determi-

Causas de separación
El abandono injustificado del hogar.
La infidelidad conyugal.
La conducta injuriosa o vejatoria.
Cualquier otra violación grave o reiterada de los deberes conyugales.
Cualquier violación grave o reiterada de los deberes respecto a los hijos que convivan en el hogar familiar.
La condena a pena de privación de libertad por tiempo superior a seis años.
El alcoholismo.
La toxicomanía.
Las perturbaciones mentales.
El cese efectivo de la convivencia conyugal durante seis meses, libremente consentido.
El cese efectivo de la convivencia conyugal durante tres años.
Cualquiera de las causas de divorcio 3.ª, 4.ª y 5.ª.

nado sentido. En los procedimientos matrimoniales estudiados, la sentencia decretará o denegará la separación o el divorcio de los esposos y, en el primero de los supuestos, expondrá los efectos que regirán la nueva situación familiar surgida a consecuencia de tal separación o divorcio acordado.

De no hallarse conforme una o ambas partes con la totalidad o parte de la sentencia pronunciada por el juez, aquella parte disconforme podrá recurrirla (recurso de apelación) en el plazo de cinco días, con la finalidad de que las actuaciones practicadas sean revisadas por una instancia judicial superior, la cual emitirá nuevo pronunciamiento al respecto.

La sentencia que dicte este tribunal superior, denominado Audiencia Provincial, podrá coincidir o ser totalmente diferente a la inicialmente dictada y será en todo caso definitiva, sin que ninguno de los esposos pueda interponer un nuevo recurso contra esta segunda resolución.

La reconciliación

Puede ocurrir que durante la tramitación del procedimiento de separación o una vez ya separados, los esposos decidan darse una nueva oportunidad y reiniciar la convivencia.

En el caso de que así suceda, los esposos pudieren comunicar tal decisión al juzgado, el cual dejará sin efecto las resoluciones que al respecto haya dictado.

Es decir, si en el procedimiento matrimonial se hubieren dictado medidas provisionales, hallándose el mismo pendiente de sentencia, quedarán sin efecto y se pondrá fin al mencionado proceso. Si por el contrario ya se ha dictado sentencia, el juez, al tener conocimiento de la reconciliación, dejará sin efecto las disposiciones contenidas en la misma.

No obstante, de considerarlo oportuno, el juez podrá mantener o modificar las medidas acordadas con relación a los hijos, cuando exista causa que lo justifique y en aras a la protección de los mismos.

Los esposos reconciliados podrán comunicar esta circunstancia al juzgado que haya tramitado la separación, bien compareciendo ante el mismo y realizando ambos una manifestación verbal en tal sentido (que se reflejará en un acta), o bien presentando ante dicho órgano judicial un escrito, comunicando la reconciliación efectuada. En este último supuesto los esposos serán citados por el juzgado para que ante el mismo ratifiquen su voluntad manifestada inicialmente por escrito. Se trata de una cautela en aras a verificar cuál es la verdadera voluntad de las partes.

Una vez el juzgado ha dictado una resolución aprobando la reconciliación, los esposos volverán a poseer los mismos derechos y obligaciones propias de toda unión matrimonial.

Si con el transcurso del tiempo entre los cónyuges surgiera una nueva crisis matrimonial, deberán iniciar un nuevo proceso de separación judicial.

Será preciso también diferenciar entre la reconciliación alcanzada por los esposos durante la tramitación del procedimiento de separación o después de la sentencia de separación y la reconciliación acaecida con posterioridad a la sentencia de divorcio o nulidad. Los efectos de tal reconciliación serán diversos en ambos casos.

En el supuesto de que se haya decretado el divorcio o la nulidad de un matrimonio, la reconciliación de los cónyuges no puede rehabilitar el vínculo matrimonial previo.

El motivo de ello debe encontrarse en que, a diferencia de lo que ocurre con la separación judicial, el divorcio provoca necesariamente la disolución irrevocable de la unión matrimonial, y la nulidad reconoce la existencia de una causa que invalida desde su inicio el matrimonio contraído, el cual se considerará inexistente.

En todo caso, una vez los esposos estén divorciados, de reconciliarse, podrán contraer entre ellos nuevo matrimonio. También podrán contraer nuevas nupcias entre sí los esposos cuyo matrimonio sea declarado nulo (si ya no se produjere la circunstancia que motivó dicha nulidad).

Por el contrario, los esposos separados no podrán contraer nuevo matrimonio toda vez que, aunque separados, todavía están casados.

La separación de hecho

Una vez roto el vínculo sentimental entre los esposos, estos pueden acordar entre ellos separarse sin sentir la necesidad de que la nueva situación sea reconocida por autoridad judicial alguna.

Igualmente puede ocurrir que la separación conyugal venga impuesta por uno de los esposos, el cual, de modo unilateral, decida acabar con la vida conyugal sin solicitar judicialmente separación alguna. Esta actuación unilateral puede ser considerada como constitutiva de un delito de abandono de familia si el cónyuge abandonado denuncia los hechos. Pero puede ocurrir, no obstante, que este no solamente no crea oportuno adoptar tan drástica medida sino que tampoco decida solicitar la separación judicial que reconozca legalmente el distanciamiento impuesto por el otro esposo.

En ambos supuestos estaríamos ante la denominada *separación de hecho*, es decir, aquel cese de la convivencia conyugal que sea impuesto por la realidad cotidiana, pero no reconocido por pronunciamiento judicial alguno.

Si bien, como es lógico, el legislador no regula las situaciones creadas a partir de las separaciones de hecho surgidas entre los esposos, no es tampoco ajeno a la existencia de tales conductas sociales.

Por ello se permitirá en todo momento que cualquiera de los esposos pueda acudir al auxilio judicial con la finalidad de que se acuerde su separación matrimonial o divorcio.

Es más, como estamos viendo a lo largo de este libro, la ley prevé incluso, tanto como motivo de separación como causa de divorcio, el transcurso de diferentes periodos de tiempo desde la separación de hecho de los esposos. En estos casos, los plazos variarán en función de que lo que se solicite sea la separación o el divorcio, y en función de si tal separación de hecho fue consentida o no por ambos esposos.

Por otro lado, tras toda ruptura matrimonial, la familia sufre una desestructuración y nace una nueva situación que precisará, en mayor o menor medida, de unas mínimas pautas de organización o regulación.

A pesar de que no exista ninguna sentencia que así lo establezca, si el matrimonio separado posee hijos, expresa o tácitamente, los esposos deberán acordar, a título de ejemplo, cuál de los progenitores residirá junto a los mismos en el domicilio conyugal; cuándo los niños podrán permanecer con el progenitor con el que no residan; cuál será la contraprestación económica en concepto de alimentos en favor de los hijos, etc.

Los esposos podrán acordar verbalmente las pautas de comportamiento que regirán una vez acaecida la separación, mas ello no impedirá que los mismos puedan plasmar los acuerdos alcanzados por escrito. A tal fin, en la práctica, suele redactarse un documento a semejanza de lo que sería un convenio de separación de mutuo acuerdo, en el que se establecen las decisiones y obligaciones alcanzadas por los esposos, pudiendo otorgarse dicho documento incluso a presencia notarial.

El divorcio

El divorcio comporta, junto a la muerte o declaración de fallecimiento de uno de los esposos, la disolución del vínculo matrimonial.

El divorcio, a diferencia de lo que ocurre con la separación, únicamente existirá si ha sido declarado como tal judicialmente. No cabe lo que podríamos entender como un *divorcio de hecho*. La disolución del vínculo matrimonial por divorcio a la que nos hemos referido sólo se producirá por expreso pronunciamiento judicial.

Una vez divorciados los esposos, estos dejarán de ser considerados como tal y serán libres para contraer nuevas nupcias con cualquier persona.

Podrán incluso volver a casarse entre ellos si, con posterioridad a su divorcio, se reconciliasen (en cuyo caso se atendrán a lo estipulado en el apartado «La reconciliación» del capítulo anterior, pág. 48).

El divorcio es una solución más tajante que la separación. Habrá dos posibilidades para que quienes lo deseen puedan acceder al divorcio. Si les ampara una causa legal, podrán solicitarlo directamente sin haberse separado judicialmente. No obstante, también podrán solicitarlo una vez ya ha sido declarada judicialmente su separación, intentando conseguir el divorcio como paso definitivo para lograr la total desvinculación de los dos cónyuges.

Como veremos, la mayoría de las causas legales para que los cónyuges puedan divorciarse se basan en una separación judicial o en una separación de hecho previa, precisándose en este último caso un cese efectivo de la convivencia más prolongado para acceder al divorcio que el preciso para optar por la separación.

Ello ha comportado en la práctica que la mayoría de rupturas matrimoniales se solucionen inicialmente a través de la separación judicial de los cónyuges, los cuales, con posterioridad, podrán solicitar su divorcio.

En cuanto a la exigencia de cese efectivo de la convivencia, al igual que ocurría en el supuesto de solicitarse la separación, esta no deberá implicar en todos los casos que ambos cónyuges pasen a vivir en domicilios separados, previéndose con carácter excepcional. También se producirá el citado cese si la convivencia de los esposos en la misma vivienda obedece a los intereses de los hijos o a la necesidad de los cónyuges.

Por último queremos hacer referencia a que el legislador establece el divorcio como solución a una situación de crisis matrimonial definitiva. Es lo que denominaríamos *divorcio-remedio*.

A través del divorcio, salvo en su causa quinta, no se busca atribuir culpabilidades o responsabilidades de la crisis matrimonial a ninguno de los esposos. El divorcio se concibe como un remedio legal a un matrimonio que ha fracasado.

Veamos ahora cuáles son las causas de un divorcio, para pasar con posterioridad a analizar cuáles son los procedimientos judiciales para alcanzarlo.

Causas

El legislador establece un listado de causas a cuyo amparo podrá solicitarse el divorcio. Estas causas están tasadas en la ley, lo que implica que el divorcio no podrá fundamentarse en motivos diferentes que los legalmente fijados.

Es decir, para poder decretarse el divorcio, deberá concurrir necesariamente, en el momento de solicitarse el mismo, alguna de las causas establecidas legalmente que exponemos a continuación:

— el cese efectivo de la convivencia conyugal durante al menos un año ininterrumpido a contar desde la interposición de la demanda de separación formulada por ambos cónyuges o por uno de ellos con el consentimiento del otro;

— el cese efectivo de la convivencia conyugal durante al menos un año ininterrumpido desde la interposición de la demanda de separación, a petición del demandante o de quien hubiere formulado reconvención, una vez firme la resolución estimatoria de la demanda de separación o, si transcurrido el expresado plazo, no hubiera recaído resolución en primera instancia;

— el cese efectivo de la convivencia conyugal, durante al menos dos años ininterrumpidos, desde que se consienta libremente por ambos cónyuges la separación de hecho, desde la firmeza de la resolución judicial, o desde la declaración de ausencia legal de alguno de los cónyuges, a petición de cualquiera de ellos;

— el cese efectivo de la convivencia conyugal durante el transcurso de al menos cinco años, a petición de cualquiera de los cónyuges;

— la condena en sentencia firme por atentar contra la vida del cónyuge, sus ascendientes o descendientes.

Solicitud de separación de mutuo acuerdo

Esta causa de divorcio, y la que estudiaremos en segundo lugar, presuponen como requisito previo para poder acudir al divorcio el hecho de haber solicitado con anterioridad la separación judicial.

En esta ocasión, la intervención judicial debe haber sido instada por ambos cónyuges o sólo por uno de ellos, pero con el consentimiento del otro. Esto es, debe tratarse de una separación tramitada por el procedimiento de mutuo acuerdo. O, lo que es lo mismo: se requiere que la separación haya sido solicitada a partir de consenso obtenido por ambos esposos, tanto en relación con la voluntad de separarse como a los efectos que regirán tal separación.

Es preciso también que haya transcurrido un año desde que se procedió efectivamente a presentar la demanda de separación hasta que se inicia el procedimiento judicial tendente a la obtención del divorcio.

Nótese que no se requiere que los esposos lleven un año separados en virtud de sentencia judicial, sino que únicamente se precisa el transcurso de ese periodo temporal desde que se inició el procedimiento de separación. Lógicamente, como ya hemos estudiado, habrá sido necesario para poder solicitar tal separación de mutuo acuerdo que haya transcurrido un año desde la celebración del matrimonio.

Durante el indicado plazo de un año, debe haber cesado la convivencia conyugal de los esposos, es decir, deben haber interrumpido la vida en común, dejando de comportarse como si fueran marido y mujer.

Dicho periodo temporal se entendería interrumpido y debería iniciarse de nuevo su cómputo si, a pesar de hallarse separados, los esposos se hubieran reconciliado y reanudado temporalmente la vida en común.

Separación por procedimiento contencioso

Si en la causa de divorcio anterior partíamos del supuesto en el cual los dos esposos habían solicitado su separación de mutuo acuerdo, en esta ocasión nos encontraremos en aquellas situaciones en que si bien se ha acudido ante los juzgados para obtener una separación judicial, tal petición se ha articulado a través de un procedimiento contencioso.

Podrá solicitar el divorcio al amparo de la causa que estamos ahora comentando el cónyuge que solicitó la separación (parte demandante o actora) y también el cónyuge contra el cual se dirigió tal petición de separación (parte demandada) siempre y cuando este último presentara reconvención.

En todo caso será exigible para que podamos acudir al divorcio que haya transcurrido el plazo de un año desde que se interpusiera la demanda de separación, periodo durante el cual los esposos no hubieran reanudado su relación conyugal. El cese de la relación conyugal debe haberse mantenido ininterrumpidamente en el tiempo.

Finalmente se requerirá que al cabo de la citada anualidad, el juzgado ante el cual se interpuso la demanda de separación o no hubiere dictado sentencia o, de hacerlo, esta hubiera concedido la separación, siendo dicho pronunciamiento judicial firme.

Cese efectivo de la convivencia conyugal de dos años

Este apartado, como podemos comprobar, contempla a su vez tres motivos por los cuales podremos solicitar el divorcio, a saber:

— desde que se consienta libremente por ambos cónyuges la separación de hecho;
— desde la firmeza de la resolución judicial;
— desde la declaración de ausencia legal de alguno de los cónyuges, a petición de cualquiera de ellos.

Al amparo de cualquiera de ellos, se accede al divorcio. Pero debemos recordar que, en todo caso, para que ello sea posible, habrá que probar el cese efectivo de la convivencia conyugal (separación de hecho) durante dos años por lo menos, y que esta no haya sido interrumpida, esto es, que los esposos no hayan reanudado la mencionada convivencia conyugal durante este periodo.

Creemos conveniente hacer una mención especial respecto a la causa de divorcio fundamentada en el transcurso de dos años desde la declaración de ausencia legal de alguno de los cónyuges.

Se considera en situación de ausencia legal a la persona desaparecida de su domicilio o de su última residencia cuando haya transcurrido un año desde sus últimas noticias o desde su desaparición. En el supuesto de que el desaparecido hubiese encomendado en apoderamiento la administración de todos sus bienes, el anterior plazo se incrementará hasta los tres años.

Sin embargo, no bastará con que uno de los esposos falte un año en su domicilio sin haber dado señal o noticia alguna para que el cómputo de los dos años pueda iniciarse. Dicho plazo únicamente empezará a contar desde que el desaparecido sea declarado legalmente ausente, para lo cual será necesario iniciar un procedimiento judicial a tal fin. Una vez obtenida la sentencia que declare la ausencia de uno de los esposos, empezará a correr el plazo de los dos años, a cuyo fin, el esposo no ausente podrá solicitar el divorcio.

Asimismo, se considera también fecha de inicio del cómputo el momento en el que quien pide el divorcio acredite que, al iniciarse la separación de hecho, el otro estaba incurso en causa de separación.

En este caso partiremos de una separación previa impuesta de modo unilateral por parte de uno de los esposos.

Se aplican estos argumentos en aquellas situaciones en las que uno de los esposos pudo solicitar la separación legal de su cónyuge pero, en su momento, prefirió no tomar tal decisión y se conformó con estar separado de hecho.

Cese efectivo de la convivencia conyugal de cinco años

Será causa de divorcio el mero hecho de que hayan transcurrido cinco años desde la separación de hecho de los esposos. Y ello, con independencia de si tal ruptura tuvo su origen en un acuerdo de las dos partes implicadas u obedeció a la decisión unilateral de uno de los esposos, aun a pesar de la manifiesta oposición del otro.

Todo cónyuge podrá solicitar el divorcio, al amparo de esta causa y sin necesidad de formular cualquier otra alegación ni de cumplimentar requisito alguno, siempre y cuando pruebe efectivamente el cese efectivo de la convivencia conyugal por el ya mencionado plazo de cinco años.

Intento de atentar contra la vida del cónyuge, de sus ascendientes o de sus descendientes

Debemos fijarnos en que para hallarnos ante una causa de divorcio por este motivo, es preciso que exista sentencia firme, condenando a uno de los esposos por atentar contra la vida del cónyuge, ascendientes o descendientes del otro esposo.

Ello con independencia de que se haya conseguido o no el fin perseguido (dar muerte a uno de los familiares indicados) y de que el cónyuge condenado lo haya sido como autor material del delito o como cómplice o encubridor.

Si la sentencia fuera finalmente absolutoria, no procederá esta causa de divorcio, ya que es la única que no precisa de un espacio de tiempo de separación previa de los esposos, pudiendo únicamente alegarla el cónyuge inocente o agraviado.

Otras causas

Son las que se detallan a continuación.

a) El cese efectivo de la convivencia conyugal durante al menos un año ininterrumpido desde la interposición de la demanda de separación formulada por ambos cónyuges o por uno de ellos con el consentimiento del otro (separación de mutuo acuerdo).

b) El cese efectivo de la convivencia conyugal durante al menos un año ininterrumpido desde la interposición de la demanda de separación personal, a petición del demandante o quien hubiere formulado reconvención, una vez firme la resolución estimatoria de la demanda de separación o, si transcurrido el expresado plazo, no hubiera recaído resolución en la primera instancia (separación contenciosa).

c) El cese efectivo de la convivencia conyugal durante al menos dos años ininterrumpidos:

— desde que se consienta libremente por ambos cónyuges la separación de hecho, teniendo en cuenta la firmeza de la resolución judicial o la declaración de ausencia legal de alguno de los cónyuges;
— cuando quien pide el divorcio acredite que, al iniciarse la separación de hecho, el otro estaba incurso en causa de separación.

d) El cese efectivo de la convivencia conyugal durante el transcurso de al menos cinco años, a petición de cualquiera de los cónyuges.

e) La condena en sentencia firme por atentar contra la vida del cónyuge, sus ascendientes o descendientes.

Procedimiento

Como ya hemos mencionado en diferentes ocasiones a lo largo de este libro, los procedimientos previstos legalmente para solicitar el divorcio de los esposos son los mismos que se han establecido para obtener la separación de los cónyuges.

Por ello, a los cónyuges se les permitirá solicitar el divorcio de mutuo acuerdo o a través de un procedimiento contencioso.

Si optaren por la vía del mutuo acuerdo, ambos cónyuges deberán estar de acuerdo en su voluntad de divorciarse y en todos los efectos derivados del divorcio: básicamente en lo relativo a cuál de ellos ostentará la guarda y custodia de los hijos; cuál será el régimen de visitas en favor del progenitor que no conviva con los mismos; cuál será la contribución dineraria que efectuará este último para alimentar a sus hijos; quién convivirá en el domicilio familiar, fijándose también en su caso la cuantía que un esposo abonará al otro en concepto de pensión compensatoria y el modo en el que se liquidará el régimen económico-matrimonial.

Para el estudio del procedimiento legalmente establecido para la obtención de un divorcio de mutuo acuerdo, nos remitimos al ya detallado cuando se estudió la separación, debiéndose aquí únicamente indicar que para el caso de solicitarse el divorcio por dicha vía, se requerirá aportar, junto con la demanda, un suplemento de documentación que variará en función de la causa de divorcio alegada, pero que siempre tenderá a probar que los esposos están realmente amparados por una causa de divorcio.

En cuanto al divorcio contencioso también nos remitimos al procedimiento previsto para la tramitación de separación contenciosa.

La nulidad

Para contraer válidamente matrimonio deben concurrir en el momento de su celebración unos requisitos y unas formalidades esenciales que, de no cumplirse, provocarán que dicha unión sea nula.

Una vez decretada la nulidad de un matrimonio, con independencia del momento en que se produzca esta declaración, se entenderá que el mismo ha sido nulo desde el mismo momento en que los esposos se casaron. Esto es, a pesar de que hayan transcurrido muchos años desde que los esposos se casaron hasta que se declare la nulidad de su matrimonio, una vez se establezca se entenderá nulo desde su inicio.

Declarar un matrimonio nulo supone reconocer la inexistencia del mismo. A efectos legales, la nulidad de un enlace matrimonial comportará negar que haya existido en algún momento ese matrimonio. No obstante, como a continuación veremos, para no causar indefensión a las partes que pudieren resultar perjudicadas por el reconocimiento de tal nulidad (hijos y cónyuge de buena fe), el legislador reconocerá determinados efectos a ese matrimonio no válido.

Hoy en día la figura de la nulidad matrimonial ha caído bastante en desuso si la comparamos con las instituciones de la separación y el divorcio. La razón de ello podemos hallarla en el hecho de que el fin perseguido con la nulidad (que se declare el matrimonio inexistente con la consecuente posibilidad de los esposos de contraer nuevo matrimonio), desde que se ha admitido el divorcio en la legislación española, queda cubierto (disolución del vínculo matrimonial con posibilidad de contraer nuevas nupcias) y su obtención suele ser más fácil y cómoda para las partes.

Causas de nulidad

Las causas al amparo de las cuales un juez podrá decretar la nulidad son las siguientes:

— matrimonio celebrado sin consentimiento matrimonial;
— matrimonio celebrado entre las personas que no puedan contraerlo, por incapacidad o prohibición establecida por la ley, salvo que dicha imposibilidad haya sido dispensada;
— matrimonio contraído sin la intervención del juez, alcalde o funcionario ante quien deba celebrarse, o sin la presencia de dos testigos;
— matrimonio celebrado por error en la identidad de la persona del otro contrayente o en aquellas cualidades personales que, por su entidad, hubieran sido determinantes de la presentación del consentimiento;
— matrimonio contraído por coacción o miedo grave.

Matrimonio celebrado sin consentimiento matrimonial

El consentimiento consciente y libre de los futuros esposos es indispensable para que nazca el vínculo matrimonial. El matrimonio, y todos los derechos y obligaciones que el mismo implica, deben ser aceptados y deseados por los contrayentes, debiéndose manifestar dicho interés a través del mencionado consentimiento.

Ello implicará que los matrimonios simulados (por ejemplo, el celebrado con objeto de conseguir la obtención de una determinada nacionalidad) sean nulos, al igual que lo serán aquellos en que exista, como mínimo por parte de uno de los contrayentes, incapacidad psíquica para consentir.

Matrimonio celebrado entre personas
que no puedan contraerlo

Las causas de imposibilidad son la incapacidad o la prohibición establecidas por la ley, siempre y cuando los contrayentes no hayan sido dispensados de ellas.

En este punto nos estamos refiriendo a dos supuestos diferenciados:

— aquellos en los que existirá una inhabilitación absoluta para contraer matrimonio por parte del contrayente que esté inmerso en dicha causa, con independencia de con quién desee casarse;
— aquellos en que la prohibición de contraer matrimonio se referirá exclusivamente con relación a las dos personas que lo pretenden, de modo que, si bien ambas no podrán casarse entre ellas, sí podrán hacerlo con terceras personas.

INHABILITACIÓN ABSOLUTA

Suele afectar a uno de los contrayentes. Los casos reglamentados por la ley son los siguientes:

— minoría de edad: como norma general, los menores de 18 años no emancipados no podrán contraer matrimonio válido.
— existencia de un vínculo matrimonial vigente.

Por lo que se refiere al primer caso, cabe hacer algunas matizaciones. Para empezar, si alguno de los contrayentes se hubiere casado sin tener esa edad, pero habiendo cumplido ya los catorce años, la nulidad de matrimonio en que hubiera incurrido podría ser dispensada (convalidada, perdonada, como si no hubiere existido) si después de instar un procedimiento judicial al efecto, el juez así lo acordara.

La dispensa de esta causa de nulidad también podrán solicitarla al juez los mayores de 14 años, con anterioridad a la celebración del matrimonio. Si se les concediere tal dispensa, podrán casarse normalmente, en virtud de lo cual ese matrimonio adoptará plenos efectos jurídicos.

Sin embargo, en ningún caso podrán casarse los menores de catorce años.

Por lo que se refiere al segundo, es preciso tener en cuenta que el sistema matrimonial español es monogámico, lo cual significa que sólo permite que cada uno de los esposos esté casado con una sola persona en cada momento concreto.

Ello no quiere decir, como es lógico, que un esposo tenga que estar siempre casado con la misma persona. La disolución del vínculo matrimonial que provoca el divorcio comportará que, una vez haya sido declarado el mismo, cada uno de los esposos divorciados podrá volver a contraer libremente nuevas nupcias con quien ese momento desee. Así pues, sucesivamente, una persona podrá haber estado casado con varias, no siendo ello posible de forma simultánea.

Esta causa de nulidad no será nunca dispensada, queriendo ser el legislador muy estricto respecto a la misma. Tanto es así que, si desobedeciendo la prohibición de contraer un segundo matrimonio, alguna persona lo hiciera, su conducta podrá ser considerada como delictiva e incluso podría ser penada con pena de prisión (de seis meses a un año)

INHABILITACIÓN PARCIAL

La inhabilitación afecta a los dos contrayentes, si bien pueden contraer matrimonio con otras personas. Esta prohibición se aplica en los casos siguientes:

— parientes: no podrán contraer matrimonio entre sí los ascendientes y descendientes aunque lo sean por vínculo de adopción;
— los condenados como autores de la muerte dolosa del cónyuge de cualquiera de ellos.

En el primer caso, el juez competente podrá dispensar, de mediar justa causa y a instancia de parte, el impedimento existente entre tíos y tías respecto a sus sobrinas y sobrinos, mas nunca en los demás supuestos de parentesco.

En el segundo, deberá concurrir una serie de presupuestos en el momento que los contrayentes deseen unirse matrimonialmente: ambos deben haber sido condenados en sentencia firme (que no admite recurso) en calidad de autores o cómplices por la muerte dolosa (esto es, intencional, con voluntad de causarla) del cónyuge de cualquiera de ellos.

Dicha causa de nulidad es dispensable por el Ministerio de Justicia, igualmente con anterioridad o posterioridad a la celebración del matrimonio.

Matrimonio en el que no concurre ninguna autoridad

El legislador, para otorgar validez a un matrimonio, requiere la intervención de una autoridad (juez, alcalde o funcionario) y la presencia de dos testigos, considerándose nula la unión matrimonial que se haya celebrado sin guardar las antedichas formalidades.

A pesar de ello, la validez del matrimonio no quedará afectada por la incompetencia o falta de nombramiento de la autoridad que lo autorice, siempre que al menos uno de los cónyuges hubiera procedido de buena fe (desconociendo la falta de idoneidad del otorgante) y ambos esposos ejerzan sus funciones públicamente, es decir, actúen y se relacionen como marido y mujer.

En cuanto a la presencia de los testigos, únicamente podremos celebrar válidamente un matrimonio sin su asistencia en el supuesto que, como mínimo, uno de los esposos se halle en peligro de muerte y se pueda acreditar la imposibilidad de la asistencia de dos testigos mayores de edad.

Además, en dichos supuestos de urgencia, también podrán casar respecto de los militares en campaña, el oficial o jefe superior inmediato y, respecto a los matrimonios que se celebren en nave o aeronave, el capitán o comandante de la misma.

Matrimonio por error

Esta causa de nulidad puede sorprendernos inicialmente, pero nos estamos refiriendo a aquellos casos en que uno de los esposos desconoce, en el momento de contraer matrimonio, un dato relevante relativo a la persona de su pareja, el cual, de haberse advertido con anterioridad, le hubiere condicionado de tal forma que no se habría casado.

Tales errores en las cualidades personales del cónyuge deberían ser graves y provocados intencionadamente por el otro cónyuge o una tercera persona, los cuales conscientemente habrán omitido facilitar una determinada información sobre el contrayente o la han falseado.

Aunque deberemos atender al caso en concreto, podríamos incluir, por ejemplo, aquellos supuestos en que en el momento del matrimonio uno de los esposos desconocía que el otro había sido condenado por cometer algún delito grave, que el mismo era alcohólico o drogadicto, o incluso también que había tenido hijos de otras relaciones sentimentales.

Matrimonio contraído por coacción o miedo grave

Se contempla en esta ocasión la nulidad de aquel matrimonio que ha sido permitido por uno de los esposos por haberse ejercido sobre el mismo violencia, física o psíquica, grave (amenazas, intimidaciones, agresiones, etc.) que habrán comportado en dicho cónyuge tal grado de temor o miedo que le ha llevado a prestar su consentimiento matrimonial contra su voluntad.

Nos hallamos ante supuestos en que el consentimiento matrimonial no se ha prestado libremente por uno de los esposos.

Legitimación de las partes en un proceso de nulidad

Hasta aquí hemos estado examinando las causas al amparo de las cuales se puede solicitar y obtener la nulidad matrimonial; a partir de ahora haremos mención de la legitimación o capacidad de determinadas personas para ser parte en un proceso de nulidad.

Mientras en la separación o el divorcio las únicas personas legitimadas para solicitarlo serán exclusivamente cada uno de los cónyuges, en el supuesto de la nulidad matrimonial el legislador prevé con carácter general que pueda ser instada, además de por los propios cónyuges, por el ministerio fiscal u otras personas que en su caso puedan demostrar su interés legítimo y directo en que tal matrimonio sea declarado nulo (generalmente parientes de los esposos).

Ahora bien, esta norma general en ocasiones no será aplicable y la ley deberá concretar en determinados supuestos quiénes podrán pedir la nulidad.

De este modo, estarán legitimados únicamente para pedir la nulidad, en el caso de que se alegare la falta de edad de uno de los contrayentes y mientras el esposo continúe siendo menor de edad, los padres, tutores o guardadores del mismo y el ministerio fiscal. Cuando dicho esposo alcance la mayoría de edad, sólo él mismo podrá solicitar dicha nulidad, y ello salvo que los esposos hubieran convivido juntos durante un año después de alcanzados los dieciocho años.

Si la causa de nulidad alegada se basare en el error, coacción o miedo grave, únicamente podrá solicitar la nulidad el cónyuge que hubiera sufrido alguna de las anteriores circunstancias. Ahora bien, si los esposos hubieran convivido juntos durante un año después de desvanecido el error o de haber cesado la fuerza o causa de miedo y no se hubiese solicitado la nulidad matrimonial, el matrimonio inicialmente dañado se convalidará y será válido.

El matrimonio putativo

El legislador, en la misma línea protectora en favor de los intereses del cónyuge de buena fe ya anunciada, establece que la declaración de nulidad del matrimonio no invalidará los efectos ya producidos respecto de los hijos y del contrayente o contrayentes de buena fe.

Si un matrimonio es declarado nulo, a efectos legales, se considerará que los esposos no han estado nunca casados.

Sin embargo, si a este matrimonio declarado nulo no se le reconociera ningún efecto, llegaríamos por ejemplo al absurdo de que los hijos nacidos de dicha unión nula serían considerados no matrimoniales.

Para evitar situaciones tan inoportunas, se instituye la figura del denominado *matrimonio putativo*, el cual consistirá en reconocer efectos a un matrimonio nulo desde el momento de su celebración hasta que se produzca la declaración judicial de tal nulidad, y ello en favor del cónyuge de buena fe o de los hijos, que serán considerados matrimoniales.

El legislador establece una presunción en favor de la buena fe de los contrayentes. Quiere ello decir que, salvo que se demuestre lo contrario durante el procedimiento judicial, se considerará que los esposos contrajeron matrimonio convencidos de la validez del mismo.

Por ello, si la sentencia que decrete la nulidad no se pronunciare sobre si los esposos contrajeron matrimonio de buena o mala fe, deberemos entender que lo hicieron de buena fe.

El reconocimiento de la buena o mala fe que haya concurrido en cada uno de los esposos en el momento de contraer matrimonio no es una cuestión meramente formal, sino que tendrá consecuencias prácticas más importantes.

En el supuesto de que uno de los esposos se haya casado de buena fe, frente al otro que no lo haya hecho de este modo, otorgará al primero unos derechos frente al segundo a la hora de determinar los efectos derivados de la declaración de nulidad.

Los efectos a los que nos referimos serán los tres siguientes:

— posibilidad de cobrar el cónyuge de buena fe una pensión compensatoria que le abonará el cónyuge de mala fe (y nunca a la inversa);
— posibilidad de optar el cónyuge de buena fe por aplicar, en el momento en que se produzca la liquidación del régimen económico-matrimonial, las disposiciones relativas al régimen de par-

ticipación, pudiendo pues participar de las ganancias obtenidas por el cónyuge de mala fe (y no a la inversa);
— mantenimiento de validez de las donaciones realizadas por razón de matrimonio.

Procedimiento

Como hemos visto, si los esposos pretenden su separación o divorcio pueden alcanzar un acuerdo entre ellos y solicitar sea declarada por el juez tal separación o divorcio de conformidad a los pactos que ellos mismos han establecido.

Esto no ocurre así en los procesos de nulidad. En estos procedimientos no les está permitido a los esposos pactar la nulidad de su matrimonio, la cual prosperará o no en función de si se logra demostrar que en el momento de celebrarse el matrimonio se produjo alguna de las vicisitudes que constituyen causa de nulidad.

No obstante ello, el legislador también prevé dos procedimientos judiciales diferentes, a partir de los cuales un matrimonio pueda ser declarado nulo, aunque ambos serán de naturaleza contenciosa.

Si la causa en la que basamos la nulidad de un matrimonio es una de las indicadas en el apartado anterior (matrimonio celebrado entre parientes o entre personas condenadas por la muerte del cónyuge de cualquiera de ellas, matrimonio celebrado sin la intervención del funcionario habilitado para casar), la tramitación de la nulidad se realizará por los trámites previstos para el procedimiento contencioso de separación o divorcio.

En este punto, y para no repetirnos, nos remitiremos nuevamente a lo indicado en el capítulo «La separación» (pág. 29), cuando estudiamos detalladamente este procedimiento.

Si por el contrario la nulidad pretendida halla su fundamento en una causa distinta a las dos anteriores (es decir, en las causas indicadas en primer, cuarto y quinto lugar), el procedimiento idóneo para que la misma sea reconocida será aquel que denominamos *procedimiento de menor cuantía*.

El procedimiento de menor cuantía, a diferencia de los demás procedimientos que hemos ido comentando hasta el momento y de aquellos a los que haremos referencia a lo largo de esta obra, no es un procedimiento específico para resolver litigios relativos al derecho matrimonial. Más bien al contrario, el procedimiento de menor cuantía suele emplearse para dirimir discusiones de tipo económico surgidas entre las partes, que generalmente no serán esposos. Mas en esta ocasión, el legislador ha querido que las personas que pretendan la nulidad por alguna de estas tres últimas causas alegadas deban acudir al mismo para resolver sus diferencias.

Creemos que resultaría en este momento muy farragoso iniciar una relación detallada de todos y cada uno de los pasos que deberán seguirse en la tramitación del procedimiento de menor cuantía, máxime su poca aplicación práctica como medida de solución de procedimiento a las situaciones derivadas de una crisis matrimonial como las que en este libro estamos estudiando. Bastará indicar que este procedimiento guarda gran similitud con el procedimiento contencioso de separación y divorcio.

Los efectos derivados de las sentencias de separación, divorcio o nulidad

Pasaremos a partir de este momento a analizar cuáles serán los efectos sobre los que la sentencia de separación, divorcio o nulidad deberán pronunciarse.

Hasta este momento hemos estado haciendo referencias a los mismos en diversos momentos de esta obra, ahora estudiaremos con detenimiento cada uno de ellos.

Lógicamente, si nos encontramos ante una separación o divorcio de mutuo acuerdo, serán los esposos los que establecerán los efectos o reglas que, una vez aprobados judicialmente, pasarán a regir desde ese momento las vidas de dichas personas, legalmente separadas o divorciadas.

En caso contrario, en separaciones y divorcios contenciosos, dadas las diferentes voluntades de las partes al respecto, será la autoridad judicial quien decida y fije cuáles serán las normas a las que deberán someterse los cónyuges de forma obligatoria a partir de la sentencia.

Denominamos *efectos comunes a la nulidad, separación y divorcio* a aquellos que versan sobre cuál de los progenitores deberá ostentar la guarda y custodia de los hijos sometidos a patria potestad (si los hubiere), determinando cuándo el progenitor no custodio podrá permanecer en compañía de tales hijos y estableciéndose la cuantía económica que deberá satisfacer, en concepto de alimentos, el padre que no conviva con los niños al que sí resida con los mismos.

De igual modo, la sentencia deberá atribuir el uso del domicilio familiar a una de las partes, estableciendo además una pensión compensatoria a favor del cónyuge al que la separación o divorcio haya producido un desequilibrio económico en relación con la posición de otro y, en el caso de que sea procedente, acordar la liquidación del régimen económico-matrimonial.

Patria potestad, guarda y custodia y régimen de visitas

Patria potestad

Los padres poseen un conjunto de facultades y deberes respecto a sus hijos menores de edad o mayores de edad incapacitados que se ejercen en beneficio de tales hijos. El conjunto de tales derechos y obligaciones se denomina *patria potestad*.

Tradicionalmente la patria potestad venía otorgada únicamente al padre; no obstante en la actualidad es compartida por ambos progenitores, quienes velarán por sus hijos, se relacionarán con los mismos, los alimentarán, educarán y les procurarán una formación integral, pudiendo igualmente representarlos y administrar sus bienes. Así pues, como se desprende de las afirmaciones precedentes, el ejercicio de la patria potestad se desarrolla en una doble esfera: la personal y la patrimonial del menor o incapaz.

La separación, el divorcio o la nulidad del matrimonio formado por los padres implicará normalmente que estos no puedan seguir ejerciendo conjuntamente la patria potestad, por cuanto existirá un distanciamiento físico entre los esposos que así lo impedirá.

Ello comportará que a uno de ellos deba serle atribuida la guarda y custodia del hijo sujeto a patria potestad (convivirá junto al mismo), mientras que el otro ostentará el derecho de visitar al niño, es decir, a permanecer en su compañía determinados espacios de tiempo que vendrán ordenados en la sentencia dictada. No obstante ello, y aunque en la práctica ocurre muy excepcionalmente, el legislador ha previsto que, en supuestos suficientemente fundamentados, la patria potestad pueda seguir ejerciéndose conjuntamente o distribuyéndose el padre y la madre las funciones inherentes a la misma.

En consecuencia, resulta obligado distinguir entre la titularidad y el ejercicio de la patria potestad. Mediando nulidad matrimonial, separación o divorcio de los esposos, por lo general se mantendrá la titularidad conjunta de la patria potestad a ambos padres, atribuyéndose no obstante su ejercicio al cónyuge guardador, el cual será el que ostentará la guarda y custodia, lo que comportará que conviva con el niño, prestándole las atenciones diarias que precise y adoptando las medidas normales que exige la vida en común.

De todo lo anterior se deduce que el mero hecho de separarse o divorciarse no comporta que uno de los cónyuges pierda la patria potestad respecto a su hijo. La privación de la patria potestad, total o parcial, únicamente vendrá determinada, a través de sentencia judicial, en un procedimiento específicamente iniciado con dicho fin y fundado en el incumplimiento de los deberes inherentes a la misma o en sentencia dictada en proceso matrimonial o criminal.

De este modo, si bien en un procedimiento matrimonial puede decretarse la privación de la patria potestad de uno de los padres, ello será excepcional y únicamente ocurrirá cuando en el pleito se revele la existencia de causa suficiente para ello y se justifique que dicha privación se acuerda en beneficio del hijo.

En todo caso, con posterioridad, cabe instar la recuperación de la patria potestad, la cual lógicamente debe acordarse judicialmente siempre que haya cesado la causa que motive la privación y que lo aconseje el interés del hijo.

No obstante lo anterior, en el caso de que uno de los padres se viera privado de la patria potestad, no quedaría eximido de la obligación de prestarle alimentos, es decir, de contribuir económicamente al sustento del hijo.

Guarda y custodia

El juez, tras valorar las peticiones formuladas por los esposos y el resultado de las pruebas practicadas en el procedimiento, concluirá con cuál de los cónyuges van a estar mejor los hijos y, en beneficio de los menores, determinará a cuál de los esposos corresponderá la guarda y custodia de los niños.

Como criterio general, se procurará no separar a los hermanos salvo que mediare causa que fundamentare lo contrario. Un supuesto en que podría quebrar el principio general y separarse a los hermanos sería cuando en la vida diaria ya se ha impuesto dicha separación, esto es, cuando previamente a la tramitación del procedimiento judicial, cada progenitor convive respectivamente con uno de sus hijos. En estos casos, modificar dicha situación consolidada supondría crear problemas de adaptación a uno o varios de los chicos que serían contraproducentes para los mismos.

Durante la tramitación del procedimiento matrimonial contencioso, los hijos podrán ser oídos por la autoridad judicial si tuvieren suficiente juicio, y serán en todo caso escuchados si son mayores de doce años. Ello comporta que los niños mantendrán una entrevista privada con el juez, denominada en la práctica *exploración del menor*, en la cual, de un modo lo más distendido posible, el juez procurará averiguar la verdadera voluntad del menor respecto a con cuál de sus padres desea convivir, la conveniencia de tal elección y la disponibilidad efectiva de cada progenitor para atenderlo. A dicho encuentro con el menor no podrán asistir los padres ni los abogados de los mismos.

Debemos no obstante hacer mención de que, si bien los términos en que se exprese el hijo serán valorados por el juez al dictar su sentencia, este último no se vinculará por las manifestaciones del menor (el cual se puede ver claramente influenciado por uno de sus padres) a la hora de resolver, pudiendo dictaminar de forma contraria a lo manifestado por el niño si tras un examen de lo actuado en el procedimiento entendiere que los intereses del hijo quedan mejor resguardados con el otro progenitor.

Incluso en ocasiones, excepcionalmente, la guarda y custodia del menor podrá atribuirse a terceras personas que no sean los padres; en tales casos, por lo general, se otorgará a un familiar próximo del niño, normalmente a uno de sus abuelos. Nos hallaríamos ante supuestos especiales en que las formas de vida o madurez psicológica de los padres aconsejarían adoptar esta decisión. Así, por ejemplo, por sufrir enfermedades físicas o psíquicas graves, por estar privados de libertad, por ser adictos a sustancias estupefacientes, por ser alcohólicos, por viajar constantemente al extranjero y no poder atender a los menores, etc.

En última instancia, en el supuesto de que los padres hubieran fallecido, o no fuera conveniente otorgarles la guarda y custodia de los hijos por desaconsejarlo alguno de los motivos indicados u otros de tipo grave, y los niños no tuvieren otros familiares o persona que los pudiera atender, la ley prevé la posibilidad de que se confieran a una institución idónea al efecto las funciones tutelares de los hijos, las cuales serán ejercidas bajo la autoridad del juez.

Régimen de visitas

Como ya hemos adelantado, el padre que no tenga atribuida la guarda y custodia de su hijo menor o incapaz, gozará del derecho a visitarlo, comunicarse con él y tenerlo temporalmente en su compañía.

La sentencia judicial determinará el modo en que deberán llevarse a cabo tales visitas, las cuales igualmente podrán, previa expresa resolución judicial, limitarse o suspenderse cuando concurrieren circunstancias graves que así lo aconsejaren, o se incumplieren grave o reiteradamente los deberes impuestos en la resolución judicial, según veremos en el capítulo siguiente.

El establecimiento de un régimen de visitas es un derecho principalmente concebido en interés del menor, que llega a constituirse como un derecho y un deber para el progenitor a quien se le ha otorgado, sin que el mismo tenga por principal finalidad satisfacer los deseos del padre que deberá llevar a cabo tales visitas sino cubrir las necesidades afectivas y educacionales de los hijos en aras a su desarrollo equilibrado.

El juez fijará en su sentencia el régimen de visitas que crea oportuno, mas por lo general suele establecerse que el padre al que no se le atribuya la guarda y custodia del hijo podrá visitar y tener en su compañía al mismo los fines de semana alternos desde viernes hasta domingo (estableciéndose en la resolución, en cada caso, el horario concreto), y la mitad de las vacaciones escolares de Navidad, Semana Santa y verano, escogiendo el padre los años pares y la madre los impares, o viceversa.

Igualmente la sentencia podrá determinar que la recogida del menor se efectúe en su domicilio o directamente en el colegio al que este asiste, pudiéndose fijar incluso el derecho a visitarlo uno o más días entre semana.

En todo caso las múltiples variedades con las que nos podremos encontrar dependerán de la situación concreta en que nos hallemos, atendiendo básicamente a la edad y necesidades del menor.

Por ejemplo, los supuestos en que los padres residan en lugares muy alejados (por ejemplo que uno de ellos viva en el extranjero) son claros ejemplos en los que será inoperativo el régimen de visitas apuntado, debiendo el juez en su caso establecer otro que se adapte más a las circunstancias de tal situación.

Atribución del uso del domicilio familiar

Cuando quiebra la relación matrimonial, cesará por lo general el interés de los esposos por continuar compartiendo el mismo techo. De este modo, la sentencia de separación, divorcio o nulidad deberá mencionar a cuál de ellos le corresponderá el uso de la vivienda familiar.

El legislador considera el domicilio conyugal como un bien adscrito a la familia, al servicio de la misma, implicando ello que el uso de aquella será otorgado a quien ostente el interés más necesitado de protección con independencia de quién sea el titular del inmueble.

Debemos dejar claro ya inicialmente que, por el mero hecho de que uno de los esposos sea el único propietario del domicilio familiar, ello no garantizará que le sea atribuido al mismo su uso. En todo caso, deberemos atender a la composición y necesidades de la familia.

Para la concreta determinación del miembro de la pareja a quien le corresponderá el uso del domicilio conyugal, deberemos comprobar primero si fruto de la unión matrimonial han nacido hijos que, en el momento en que se ha de dictar sentencia, todavía estén sujetos a patria potestad.

Si al instarse el procedimiento judicial el matrimonio tiene hijos menores de edad, se entenderá que serán estos sobre los que recaerá el interés más necesitado de protección. Ello comportará, como regla general, que al progenitor al que se le haya concedido la guarda y custodia de los hijos se le atribuirá el domicilio familiar, en el que residirá junto a estos, con la ya mencionada independencia de quién sea el titular de la vivienda.

De modo contrario, cuando el matrimonio no tenga hijos menores de edad será el juez, a su prudente arbitrio, quien valorará cuál de los esposos se halla en una situación más necesitada de protección, al cual concederá el uso de la vivienda familiar. Para ello atenderá a las circunstancias personales (salud, cualificación profesional, edad) y económicas (ingresos económicos, titularidad de otra vivienda o posibilidad de adquisición o alquiler de una nueva) de ambos cónyuges.

Al resolver, en el supuesto referido en el párrafo anterior, también se puede otorgar el uso de la vivienda al cónyuge no propietario. Ahora bien, en el supuesto de que existan hijos sometidos a guarda y custodia, no será conveniente poner ninguna limitación al uso de la vivienda familiar, a los hijos menores de edad o incapaces y al cónyuge no propietario; en el supuesto contrario (de no existir hijos), el uso por el cónyuge no titular puede verse limitado en el tiempo, por un determinado número de años, según el criterio del juez y previa petición de la parte interesada.

Puede ocurrir también que el domicilio familiar no sea propiedad de ninguno de los esposos, sino que el mismo sea de alquiler. En este caso, si el cónyuge al cual ha sido atribuido en sentencia de separación, divorcio o nulidad el uso de domicilio conyugal no es el titular del contrato de arrendamiento, podrá continuar con el uso de la vivienda arrendada siempre y cuando comunique al arrendador, en el plazo de dos meses desde que le fue notificada la resolución judicial correspondiente, su voluntad de continuar con el uso de la vivienda.

Finalmente, haremos referencia a los gastos que ocasione la vivienda familiar. Entiende la Jurisprudencia que de los gastos derivados del consumo (luz, gas, teléfono y demás) deberá hacerse cargo el cónyuge que reste en el inmueble, mientras que aquellos que impliquen una repercusión directa sobre la propiedad, tales como el importe de obras de conservación o mejora de la finca, irán a cargo del titular de la misma.

Alimentación de los hijos

El deber de alimentar a los hijos es una de las obligaciones de los padres, prevista de modo expreso en nuestra Constitución, tal y como vimos al plantearnos la protección que dicho texto legal facilita a la familia. Los esfuerzos de ambos progenitores deben asociarse para hacer frente a los gastos que comportarán sus descendientes.

El padre que ostentará la guarda y custodia tendrá derecho a percibir del otro progenitor una determinada cuantía económica en concepto de pensión de alimentos en favor de los hijos. En este punto, es imprescindible diferenciar si dichos descendientes han alcanzado o no la mayoría de edad.

Hijos menores de edad

La pensión por alimentos no debe alcanzar únicamente el coste de la comida de los hijos. El concepto de alimentos debe entenderse en un sentido amplio el cual no sólo comprende el sustento alimenticio sino también debe cubrir el domicilio, el vestido, la educación y la asistencia médica e instrucción de los hijos.

Los alimentos en favor de los menores de edad suponen una obligación incondicional del padre, de la cual no podrá declararse su supresión bajo ningún concepto. Es tal la entidad de esta obligación, que incluso en el supuesto de que en el procedimiento matrimonial un esposo no solicitare pensión de alimentos en favor de los niños, el juez podrá acordarla libremente, es decir, de oficio.

La cuantía de la pensión alimentaria se establecerá de acuerdo con las posibilidades económicas de quien tiene que prestar los alimentos (cónyuge que los paga) y de las necesidades de quien tiene que recibirlos (hijos), debiéndose valorar de igual modo los recursos económicos del otro cónyuge, el trabajo que el guardador dedica al hogar y a los hijos y el uso de la vivienda conyugal.

En consecuencia, no nos hallamos ante una cantidad fija establecida en función del número de hijos que cada padre tiene, sino que habrá que atender a cada caso concreto. Ello permite que los importes que se establezcan en este concepto puedan variar mucho de unas familias a otras en función del nivel de vida de las mismas.

Influirán a la hora de cifrar la cuantía a imponer factores tales como la edad del hijo (generalmente a mayor edad comportará más gastos); la posibilidad de que el mismo sea disminuido físico o psíquico; los usos o costumbres por el mismo adoptadas (por ejemplo, el seguimiento de actividades extraescolares formativas y el ritmo de vida en general) y las circunstancias del progenitor obligado al pago: los ingresos económicos que posee y las cargas que sustenta (el pago del alquiler de vivienda, préstamos por diversos conceptos, etc.), su salud o la existencia de hijos de otros matrimonios.

La atribución del uso de la vivienda también deberá ser valorada en aras a establecer la cuantía de los alimentos. Toda vez que estos van dirigidos, entre otros supuestos, a cubrir las necesidades de domicilio de los hijos, si los menores tienen atribuido junto a un progenitor el uso del domicilio, la pensión por alimentos deberá ser inferior a la que se establecería en el caso contrario, esto es, en el supuesto de que partiendo de la pensión recibida deban proveerse de una vivienda donde habitar.

Como criterio general, el juez que resuelva al respecto, establecerá la pensión por alimentos cuantificándola en una cantidad fija a abonar mensualmente, a la cual se le aplicarán las correspondientes actualizaciones.

A pesar de ello, nada impide que de modo contrario a lo indicado, la pensión alimentaria se establezca como una cantidad variable calculada a partir de un determinado porcentaje sobre los ingresos del alimentante. No obstante, esto comportará mayores dificultades prácticas a la hora de cifrar la cuantía exacta a percibir en cada momento y nos obligará a revisar los ingresos del pagador anualmente.

En los supuestos en que el obligado al pago sea un trabajador por cuenta ajena, podremos conocer sus ingresos formulando, a través del juzgado, un requerimiento a la empresa u organismo para la cual trabaja a fin de que nos certifique los ingresos por el mismo percibidos. En cambio, tropezaremos con mayores problemas si el cónyuge es autónomo, es decir, tiene su propio negocio. En estos casos se podrá solicitar al juzgado que solicite a la delegación de Hacienda información sobre los ingresos que le constan percibidos por el cónyuge (declaración del IRPF, por ejemplo) o solicitar la demostración ante la autoridad judicial de los libros de contabilidad llevados en el negocio del cónyuge obligado al pago. No obstante resultará extremadamente dificultoso conocer y demostrar los ingresos percibidos en estas situaciones si, como es lo habitual, el cónyuge afectado no colabora en facilitar correctamente los datos relativos a sus ganancias.

Para evitar que el montante económico de la pensión compensatoria se convierta en obsoleto con el paso de los años, se prevé la actualización del mismo que, por lo general, consistirá en aplicar en cada anualidad el Índice de Precios al Consumo (IPC).

Cabe fijar también como parámetro de actualización el incremento de los ingresos del cónyuge deudor de la pensión. Pero de proceder de este modo, nos hallaríamos de nuevo ante las complicaciones prácticas a las que nos hemos referido con anterioridad.

Hijos mayores de edad

En el supuesto de que los hijos del matrimonio sean mayores de edad, el régimen jurídico de los alimentos es diferente al de los hijos menores de edad.

La concesión de alimentos en favor de los hijos mayores de edad debe ser solicitada por la parte que los pretende, no pudiendo el juez adoptarla por propia decisión unilateral a diferencia de lo que ocurre con los hijos menores de edad. La razón de esta diferencia hay que encontrarla en que, mientras el derecho de alimentos de los primeros es de carácter incondicional (no desaparece nunca), el de los segundos pierde este carácter, no viéndose los padres en todo caso obligados a su prestación.

El cálculo de los alimentos en favor de hijos mayores de edad se hará del mismo modo que en lo previsto para los hijos menores de dieciocho años, es decir, en proporción a los medios del que los da y las necesidades del que las recibe. Pese a ello, el contenido de los alimentos para los hijos mayores de edad podrá tener un carácter más reducido (un importe inferior) que los producidos en favor de los hijos menores de edad.

La prestación de alimentos de un padre en favor de su hijo mayor de edad puede ser solicitada en un procedimiento matrimonial por el hijo a través del progenitor que con el hijo conviva o puede ser interesada directamente por el hijo en un procedimiento distinto, específicamente indicado al efecto.

En el primero de los supuestos, el progenitor actuará en nombre del hijo, quien le deberá otorgar dicha representación en el procedimiento judicial, bien tácita o expresamente; siendo preferible optar por este último posicionamiento y comunicar explícitamente al juzgado la voluntad del hijo a través de una manifestación verbal o escrita formulada ante el órgano judicial.

La concesión de alimentos a favor de los hijos mayores de edad dentro del procedimiento matrimonial se hallará básicamente condicionada a la concurrencia de dos presupuestos:

— que el hijo siga conviviendo en el domicilio familiar, es decir, junto al progenitor que solicita la prestación; se pretende pues que el hijo mayor de edad, para ser merecedor de la pensión por alimentos, no resida en domicilio distinto al familiar, lo cual implicaría una forma de vida independiente;
— que el hijo mayor de edad carezca de ingresos propios; si bien *a priori* la inexistencia de ingresos propios parece una cuestión de fácil determinación, en la práctica ha comportado diferentes interpretaciones jurisprudenciales.

Muchos tribunales interpretan que el desempeño de algún tipo de trabajo remunerado, aunque sea insuficientemente, o la circunstancia de que el hijo haya accedido temporalmente al mercado laboral, aunque momentáneamente se halle en situación de desempleo, comportará la negación del requisito que comentamos y, consecuentemente, no se concederán a favor de tales hijos mayores de edad el derecho a la pensión de alimentos.

Ello no comporta que la inexistencia de alguno de los presupuestos implique la imposibilidad de que el mayor de edad reciba una pensión alimentaria del progenitor, sino que supondrá que el mismo deba instar un procedimiento, específicamente de alimentos, para solicitar la misma. Es decir, un proceso independiente al de la separación, divorcio o nulidad, en el que hará valer su condición de pariente necesitado para solicitar el auxilio económico de sus ascendientes.

Los alimentos a favor del hijo mayor de edad suelen concederse habitualmente en aquellos supuestos en que el citado hijo está todavía estudiando al producirse la ruptura matrimonial. En estas ocasiones, los alimentos tienden a extenderse hasta que el hijo haya completado su formación previa a la incorporación al mundo laboral. De todos modos, deberá valorarse tanto la duración de los estudios en su caso realizados, al igual que la diligencia con que los mismos han sido cursados, sin que el fracaso reiterado e injustificado retraso del hijo al finalizar los estudios deba comportar la percepción de alimentos de forma indefinida.

Con ello queremos hacer referencia a que, por ejemplo, no deberá suprimirse la pensión de alimentos devengada a favor de aquel hijo de veinte años que se encuentre cursando estudios de medicina u otra carrera universitaria de larga duración, en la cual esté obteniendo buenas calificaciones; mas difícilmente prosperará la petición de la misma pensión aludida en el supuesto de que un hijo de igual edad permanezca matriculado en cualquier academia o universidad sin obtener aprovechamiento alguno de los conocimientos que se le imparten, acreditándose ello por las reiteradas repeticiones de curso y las malas calificaciones obtenidas sin justificación alguna.

Los alimentos en favor de los hijos mayores de edad se diferencian también de los alimentos abonados a favor de los hijos menores en que, mientras en el primer caso el obligado al pago podrá optar por prestar los alimentos abonando una determinada cantidad o satisfacerlos recibiendo y manteniendo en su propia casa al hijo que tiene derecho a ellos, en el supuesto de que el hijo sea menor de edad, siempre deberá satisfacerlos en metálico.

Finalmente queremos hacer especial mención de que el hecho de que las relaciones paterno-filiales sean muy tensas o inexistentes no justificará el cese de la obligación alimentaria.

Pensión compensatoria

Durante la convivencia matrimonial las necesidades de los cónyuges están cubiertas por el deber de socorro y ayuda mutua que comporta el matrimonio, según viene establecido legalmente.

Acaecida la separación de los esposos o su divorcio, podemos encontrarnos con que un miembro de la pareja se halle en una situación económica desfavorable con relación a la mantenida durante el matrimonio. La pensión compensatoria es una prestación cuyo objetivo es precisamente restablecer el equilibrio económico roto con el cese de la vida conyugal, garantizando que el cónyuge desfavorecido pueda seguir disfrutando de un nivel de vida similar al mantenido durante la etapa de normalidad del matrimonio.

Ello implicará necesariamente que el cónyuge que goza de una mejor situación económica abone al cónyuge cuyas posibilidades dinerarias se han visto anuladas o reducidas una determinada pensión. Procederá pues el pago de una pensión compensatoria, tanto en los supuestos que los ingresos durante el matrimonio provinieran exclusivamente de los rendimientos del trabajo de uno de los esposos sin que el otro aportara montante económico alguno a la familia, como en el caso de que ambos colaboraran en el levantamiento de las cargas de la familia aunque en proporciones considerablemente diferentes lo que implicaría que, producida la ruptura matrimonial, el nivel de vida de uno de los esposos se viera reducido.

Para que en un proceso matrimonial un juez acabe estableciendo el derecho de una parte a percibir una pensión compensatoria de la otra, la parte que lo pretende debe solicitarlo expresamente al iniciar su intervención en el pleito, es decir, al presentar la demanda o la oposición a la misma, y ello con la finalidad de que durante la tramitación del procedimiento puedan discutirse la necesidad de su otorgamiento y cuantía de la misma.

La procedencia de la pensión compensatoria, a diferencia de lo que ocurre con la pensión por alimentos en favor de los hijos, no puede acordarla el juez por propia decisión: será precisa la petición específica de quien la pretende.

De igual modo, según la jurisprudencia, en el caso de que en el procedimiento de separación se hubiese renunciado a solicitar la pensión compensatoria, difícilmente prosperará su petición y posterior obtención en el momento de interesar el divorcio. Ello es así porque la pensión compensatoria está destinada a evitar el desequilibrio económico que comporta la ruptura matrimonial a un miembro de la pareja. Es pues el momento de la ruptura en el que debe apreciarse si existe el desequilibrio indicado, de modo que, si al separarse los esposos no existía esa inestabilidad, esta no concurrirá cuando transcurrido el tiempo se solicite el divorcio.

La cuantía de la pensión deberá determinarla el juez valorando cada caso concreto; no obstante el legislador establece una serie de parámetros que aquel deberá considerar a la hora de cuantificar el importe de la pensión compensatoria. Son los siguientes:

a) Los acuerdos a los que hubieran llegado los cónyuges. Por ejemplo un convenio notarial suscrito con anterioridad entre los mismos esposos que ahora solicitan la separación, el divorcio o nulidad.

b) Edad y estado de salud. Estos dos aspectos serán valorados por el juez toda vez que, en consideración a los mismos, al cónyuge desfavorecido tendrá mayores o menores posibilidades de incorporarse a la vida laboral. A los 55 años, después de un largo periodo de tiempo dedicado al cuidado de la familia, el cónyuge que en tal situación se encuentre, le será mucho más complicado acceder al mundo laboral que si fuese veinte años más joven, mientras que su salud se encontrará probablemente más deteriorada y precisará de medicación, cuyo coste incrementará sus necesidades vitales.

c) La cualificación profesional y las posibilidades de acceso a un empleo. Dicho parámetro incide al igual que en el supuesto anterior en la posibilidad de conocer las expectativas económicas del cónyuge en el futuro y, como consecuencia directa, en el porvenir previsible de obtener rentas para mantenerse. En este caso no sólo deberá valorarse la tenencia de un título académico, sino la capacidad real y efectiva de ejercer los conocimientos que en el pasado se obtuvieron. Hacemos expresa mención de ello toda vez que, en referencia a los supuestos en que, aunque se posea una titulación (medicina, ingeniería, derecho), el ejercicio de la profesión que la misma habilita puede verse gravemente dificultado si no se ha desarrollado actividad relacionada con la misma, habiéndose producido importantes modificaciones o innovaciones.

d) La dedicación pasada y futura a la familia. Se tendrá en consideración en el momento de fijar la cuantía de la pensión compensatoria la entrega de uno de los esposos al cuidado de la familia, que en muchos casos habrá comportado que este cónyuge haya abandonado su trayectoria profesional para dedicarse al cuidado del hogar y de los hijos, dedicación por la cual no ha obtenido gratificación económica alguna.

e) La colaboración con su trabajo en las actividades mercantiles, industriales o profesionales del otro cónyuge. Estamos ante el supuesto de otro tipo de dedicación que muchas veces no se ha retribuido o lo ha sido de un modo insuficiente. Si un cónyuge ha trabajado en el negocio del otro esposo sin percibir sueldo o salario por ello, o siendo este de carácter simbólico, tal esfuerzo deberá ser contemplado al establecerse el importe de la pensión compensatoria.

f) La duración del matrimonio y de la convivencia conyugal. No se valorará por igual una unión matrimonial que ha persistido un gran numero de años que aquella que ha quebrado al poco tiempo de iniciarse. Si la vida conyugal ha durado poco espacio de tiempo, podría resultar injusto cargar al esposo con una posición económica más favorecida la obligación de abonar de forma ilimitada una pensión al otro cónyuge. En estos casos, de considerarse oportuno tras un estudio de los demás indicadores que estamos comentando, el juez podrá limitar temporalmente la pensión compensatoria a abonar, especificando un determinado número de anualidades en el que la prestación compensatoria sólo se devengará.

g) La pérdida eventual de un derecho de pensión. Al respecto conviene hacer mención que la separación o el divorcio de los cónyuges comportará que, en el momento del fallecimiento de uno de los cónyuges, el otro no pueda cobrar la totalidad de la pensión de viudedad sino únicamente pueda cobrarla en cuantía proporcional al tiempo vivido con el cónyuge fallecido, en relación con el hecho de que el mismo finado haya podido convivir con otra persona con la cual también hubiere estado casado.

h) El caudal y medios económicos y las necesidades de uno y otro cónyuge. Nos referimos a las disponibilidades económicas que cada uno de los esposos posea (ingresos fruto de su trabajo, rentabilidad de sus propiedades, etc.) y los gastos que deba sufragar.

Tras la valoración de los hechos anteriores, el juez fijará finalmente el importe de la pensión compensatoria la cual, como es lógico, no podrá suponer la confiscación de los recursos económicos del obligado al pago, debiéndose tener presente que, una vez abonada la misma, el pagador debe poseer de una cuantía dineraria suficiente con la que sufragar sus propios gastos.

La pensión compensatoria se cifrará en una cantidad que normalmente de forma mensual abonará uno de los cónyuges (el que posea ingresos) al otro (el que no posea ingresos o estos sean sustancialmente menores), indicando igualmente la sentencia que la fijare las bases para su actualización, las cuales consistirán normalmente en aplicar en cada anualidad el Índice de Precios al Consumo (IPC).

Si ambas partes manifiestan su voluntad expresa al respecto, el juez podrá acordar sustituir la percepción periódica de la pensión por la capitalización de la misma en una suma determinada (pago único) o por la entrega de determinados bienes.

Significa ello que los cónyuges podrán optar, siempre de mutuo acuerdo, por modificar la modalidad de pago: reemplazando el abono mensual de la pensión compensatoria por el pago único de una cantidad por ambos acordada o por la entrega de un determinado bien (un terreno, una vivienda, unas acciones, joyas, etc.). Operado dicho cambio, como es lógico, ya no se devengará cantidad mensual a favor del cónyuge desfavorecido por la separación, el divorcio o la nulidad.

Como regla general la pensión compensatoria establecida no se halla limitada temporalmente (se pagará de modo indefinido), mas algunos jueces admiten que en determinados supuestos esta pueda acotarse en el tiempo, a tenor de las circunstancias concretas que se deduzcan en el procedimiento.

El juez, para decidir si limita o no la obligación de pagar pensión compensatoria a un determinado número de años, valorará la duración del matrimonio, la edad de los esposos y la dedicación de ambos a la familia y la existencia de descendencia.

De este modo, si el matrimonio ha durado pocos años, no han nacido hijos y ambos miembros de la pareja son jóvenes, podrá establecerse una pensión compensatoria limitada para un determinado número de años (generalmente de dos a cinco) ante la posibilidad de que el cónyuge perjudicado pueda recuperarse económicamente por sus propios medios. Por el contrario, si los esposos se separan pasados los cincuenta años de edad, después de un largo matrimonio, durante el cual uno de ellos ha estado dedicado plenamente al cuidado de la casa y de los hijos, no procederá limitar la pensión compensatoria a percibir, por cuanto las posibilidades de que dicho cónyuge perjudicado pueda acceder al mercado laboral son escasas.

Regímenes económico-matrimoniales

Desde el mismo instante en que los esposos contraen matrimonio, se generan entre ellos y en torno a los mismos unas relaciones económicas que continuarán vigentes durante toda la vida de la unión matrimonial.

Dichas relaciones están reguladas por la ley, la cual arbitra, como veremos, varios modelos o soluciones diversas por las que podrán regirse los esposos, pudiendo escoger en todo momento la propia pareja a cuál de las posibles alternativas quiere acogerse. No obstante, el legislador prevé la aplicación subsidiaria de unas determinadas normas en el supuesto de que los esposos no opten por alguna de las diferentes fórmulas que se les proponen.

A continuación pueden verse los tipos previstos por la ley.

Régimen económico-matrimonial

Los cónyuges pueden pactar antes de casarse cuál va a ser el régimen económico que regirá su unión, pudiendo además modificarlo cuantas veces lo deseen mientras persista su matrimonio.

Si los esposos se deciden a escoger un determinado régimen económico-matrimonial, de los varios previstos por el legislador, adaptándolo o no a sus necesidades, deberán otorgar un documento que se denomina *capítulos matrimoniales*, en el cual estipularán, modificarán o sustituirán el régimen matrimonial que les correspondiere. Dicho documento necesariamente deberá formalizarse ante notario, el cual plasmará los acuerdos alcanzados entre las partes en escritura pública.

Para el supuesto en que los cónyuges no formalicen, como suele ser habitual, pacto alguno que regule sus relaciones económicas, la ley establece subsidiariamente un determinado régimen que variará en función del ordenamiento jurídico aplicable a cada matrimonio.

El legislador estatal ha previsto que, ante la falta de elección, las relaciones patrimoniales entre los cónyuges se regirán por el régimen de gananciales, si bien no suele ser así en todo el Estado.

Aquellas comunidades autónomas que tengan una legislación propia al respecto la aplicarán con preferencia a las normas establecidas por el legislador estatal. Ello conllevará que, si los esposos residentes en estas comunidades autónomas no optan por ningún régimen económico, se aplicará el previsto supletoriamente en dicha legislación autonómica (legislación foral), el cual no siempre deberá ser el régimen de gananciales, pudiendo ser perfectamente otro distinto.

A continuación analizaremos sucintamente cada uno de los diferentes regímenes previstos en el derecho común para con posterioridad referirnos a la disolución de los mismos, una vez se dicta sentencia declarando la separación, divorcio o nulidad.

Régimen de gananciales

Como ya hemos anticipado, el régimen de gananciales es el régimen supletorio previsto por el legislador (salvo disposición en contrario prevista por la legislación foral).

En el régimen de gananciales o, en la también denominada *sociedad de gananciales,* se considerarán comunes del marido y la mujer las ganancias o beneficios obtenidos indistintamente por cada uno de ellos. Cuando estos esposos se separen o se divorcien se les atribuirá en partes iguales el patrimonio que hubieren acumulado.

Es decir, se parte de la base de que todos los ingresos de la familia corresponden al 50 % a cada uno de los esposos, y ello con independencia de si ha sido uno de ellos o ambos los que han procedido efectivamente a la obtención de los mismos. De esta manera, en el supuesto de que uno de los cónyuges, generalmente la mujer, no haya desempeñado actividad laboral retribuida alguna por permanecer en el hogar al cuidado de la familia, la ley considerará que la mitad del patrimonio de los esposos le corresponde, dando pues por supuesto que su ahorro y sacrificio deben computarse como una ganancia más.

Ahora bien, el efectivo cálculo de la ganancia que corresponde a cada uno de los miembros de la pareja no se computa hasta el momento de disolverse la sociedad de gananciales, y ello ocurrirá, entre otros supuestos, cuando los esposos se separen o se divorcien. En este instante, a cada uno de los cónyuges se le otorgará el 50 % del patrimonio que hubieren acumulado durante su vida matrimonial.

Debemos aclarar, no obstante, que los bienes que poseyera cada uno de los cónyuges con anterioridad a la celebración del matrimonio no pasarán a formar parte de esta masa común cuya mitad es propiedad de cada uno, sino que seguirán siendo privativos o de propiedad exclusiva de aquella persona que los poseyera antes de la unión matrimonial. En cambio, las rentas derivadas de dichos bienes privativos sí que poseerán el carácter de ganancial.

De igual modo, tal y como sucede en los bienes adquiridos con anterioridad a la celebración del matrimonio, también serán propiedad exclusiva de uno de los cónyuges los que este posea a título gratuito (herencia o donación). Estos bienes adquiridos por uno de los cónyuges, sin que le hayan comportado coste económico alguno, tampoco pasarán a engrosar el patrimonio común de los esposos.

A fin de aclarar la información facilitada, acudiremos a comentar un ejemplo que nos ayudará a entender el significado de los párrafos anteriores. Veamos cuál sería la liquidación de la sociedad de gananciales cuya masa patrimonial se ha formado en el seno de una familia en la cual el esposo A ha permanecido desde el mismo momento que contrajo matrimonio dedicado a las labores del hogar, mientras el esposo B ha desempeñado actividad laboral retribuida con la cual ha aportado el sustento de la pareja. Consideraremos además que el esposo B, cuando todavía era soltero, había adquirido un piso que ha permanecido alquilado durante el matrimonio, siendo el esposo A propietario de otro inmueble adquirido por el mismo por herencia de sus padres, una vez ya casado.

En el caso anterior la masa común estaría formada por los ingresos obtenidos por el esposo B a partir de su trabajo y por las rentas de alquiler del piso propiedad del mismo (es una renta derivada de un bien privativo). La cantidad a la que ascendieran la suma de los ingresos indicados, a la disolución del régimen matrimonial, correspondería en un 50 % a cada uno de los esposos. Por el contrario el piso adquirido por el esposo B de soltero y por el esposo A por herencia (consecuentemente a título gratuito) serán bienes privativos que corresponderán exclusivamente a sus titulares, quienes podrán disponer de los mismos libremente. Observemos cómo la ley facilita un tratamiento diverso al piso del esposo y a las rentas de alquiler generadas por el mismo: es un claro supuesto de cómo un bien privativo puede generar rentas que aumentarán la masa ganancial.

Régimen de separación de bienes

A diferencia de lo que ocurre en el régimen de gananciales, en el régimen de separación de bienes no se crea ningún patrimonio común a ambos esposos. No existe unión o confusión entre los bienes de los cónyuges. Cada uno de los consortes sigue siendo titular de su respectivo patrimonio, tanto del adquirido con anterioridad, como del obtenido con posterioridad a la celebración del matrimonio.

Este sistema sin más podría comportar una situación de desequilibrio entre los cónyuges, en especial en el supuesto de que uno de ellos se haya dedicado durante la vida matrimonial exclusivamente al cuidado de la familia. En estos supuestos, dicha labor será computada como una forma de contribución a las cargas del matrimonio y dará derecho a obtener una compensación económica que el juez señalará, a falta de acuerdo de las partes, cuando estas se separen o se divorcien.

El mencionado régimen es supletorio en Cataluña y Baleares. En dichos territorios, si los esposos no otorgan capitulaciones matrimoniales acordando lo contrario, sus relaciones patrimoniales se regirán efectivamente por el régimen económico que en estos momentos estamos estudiando. O dicho de otro modo: mientras en los territorios de derecho común el silencio de los esposos comporta la sujeción de los mismos al régimen de gananciales, en Cataluña y Baleares el mismo silencio comportará su sometimiento al régimen de separación de bienes, con las peculiaridades que en cada caso la legislación aplicable determine.

Queremos indicar que el hecho de que los esposos se hallen sometidos al régimen de separación de bienes no quiere decir que no puedan poseer bienes en común. Muy al contrario, en la práctica, muchas veces nos encontraremos con que los esposos sometidos a este régimen económico adquieren a nombre de ambos, y con cargo a sus propios patrimonios, la vivienda familiar u otros bienes, convirtiéndose pues en cotitulares. En estos casos, de mediar ruptura matrimonial, y acordarse la venta del bien común, a cada uno le corresponderá parte del precio obtenido en la transmisión en la misma proporción en que cada uno adquirió el mencionado bien.

Régimen de participación

Este régimen económico, muy poco usual en la práctica, comporta una regulación cuya base se sustenta parcialmente tanto en la normativa del régimen de gananciales como en la del de separación de bienes. Durante la vida matrimonial las relaciones económicas entre los cónyuges se regulan tal y como si nos halláramos ante un régimen de separación de bienes, esto es, los patrimonios de cada uno de los miembros de la pareja se mantienen separados (no se crea una masa común). En cambio, de modo similar a lo previsto para la sociedad de gananciales, los cónyuges casados en el régimen que estamos ahora analizando, en el momento de la disolución matrimonial participarán, cada uno y recíprocamente en las ganancias obtenidas por el otro durante el matrimonio.

De no pactarse lo contrario será por mitades (50 %) la participación de un cónyuge respecto a las ganancias experimentadas por el otro, e igualmente la de este segundo respecto a las generadas por el primero. A pesar de ello, los cónyuges podrán variar, siempre de común acuerdo, el porcentaje de sus respectivas participaciones. Dicho porcentaje podrá ser cualquiera, pero este regirá tanto para la participación de un primer esposo respecto al segundo, como del segundo cónyuge respecto al primero.

La participación de un cónyuge en el patrimonio del otro y viceversa comportará que, para simplificar su cálculo efectivo, se averigüe cuál de ellos tiene mayor patrimonio y la cuantía en que este difiere del generado por el otro esposo. Conocida esta diferencia, bastará que el cónyuge menos favorecido adquiera, en la proporción que le corresponda (50 % u otra fijada), bienes del cónyuge que ha obtenido un mayor fortuna.

Al igual que ocurre en el régimen económico de gananciales, no se computará el patrimonio a partir del cual se calculan las respectivas participaciones, aquel perteneciente a cada esposo con anterioridad a la boda ni aquel adquirido por uno de ellos, una vez ya casado, por herencia o donación (título gratuito).

Acudiremos nuevamente a un ejemplo. Si el señor M y la señora P han optado por el régimen de participación, no formarán durante su vida conyugal una masa común comprensiva de los bienes que cada uno de ellos haya ido obteniendo durante el matrimonio; ahora bien, llegado el momento de separarse o divorciarse, se calculará cuáles son estos patrimonios obtenidos por cada uno de ellos desde que se casaron. En el supuesto de que las propiedades del señor M asciendan a diez millones de pesetas y las de la señora P a seis, existirá un saldo positivo en favor del señor M de cuatro millones, lo que comportará que la señora P pueda participar al 50 % (salvo que se hubiere pactado un porcentaje diferente) en las ganancias del señor M, de quien tendrá derecho a percibir dos millones de pesetas.

Disolución y liquidación del régimen económico-matrimonial

La sentencia firme de separación, divorcio o nulidad producirá, respecto de los bienes del matrimonio, la disolución del régimen matrimonial.

A partir de ese momento deberá procederse, en su caso, a la liquidación de dicho régimen, atribuyendo a cada uno la participación en los bienes que pudiere corresponderle (si los esposos estuvieren casados en régimen de gananciales o de participación).

Para ello tendremos que tener en consideración el régimen económico-matrimonial concreto que rige entre los esposos y, de existir, las disposiciones o parámetros acordadas en sentencia al respecto. Suele ser habitual que la sentencia no se pronuncie sobre la concreta liquidación de los bienes, lo que implicará que dicha concreción se determine en un momento posterior, bien en la fase de ejecución de la propia sentencia, bien en un procedimiento iniciado específicamente con dicha finalidad.

Para preservar los derechos de un cónyuge frente a posibles disposiciones patrimoniales de bienes que pertenezcan a la masa común de ambos, efectuadas por el otro cónyuge en detrimento de los derechos del primero, durante el procedimiento matrimonial, cabrá que el esposo que se pueda sentir perjudicado interese la inscripción de la demanda o de la sentencia de separación, nulidad o divorcio en el Registro de la Propiedad y en el Registro Mercantil, dando con ello publicidad a terceros de la existencia de un proceso judicial en el que la titularidad de dicho bien puede verse afectada.

Por otro lado, y con referencia exclusiva a la vivienda habitual y bienes muebles de uso ordinario, con independencia del régimen económico-matrimonial que rija el matrimonio y aunque la titularidad pertenezca a uno sólo de los cónyuges, para disponer de los mismos, se requerirá del consentimiento de ambos. En el supuesto de que las partes no alcanzasen acuerdo alguno, deberán solicitar la autorización judicial.

Para asegurarse la efectividad práctica de esta estipulación legal, será muy conveniente que el cónyuge al cual le ha sido otorgado el uso de domicilio proceda a la inscripción de tal derecho de uso en el Registro de la Propiedad, con lo que conseguirá que la carga posesoria sea conocida por cualquiera que pretenda adquirir el bien, evitándose que se pueda disponer del inmueble sin su consentimiento.

Por último debemos hacer referencia a que los poderes de representación que cualquiera de los cónyuges hubiere otorgado al otro durante el matrimonio quedarán automáticamente revocados desde que se inicie la tramitación del procedimiento de separación, divorcio o nulidad.

En este caso, la revocación indicada se produce de forma inmediata desde el inicio del proceso judicial en cuestión no siendo preciso para que la misma se produzca ni que sea decretada expresamente por el juez, ni esperar a que se dicte sentencia para que la misma sea operativa.

Ejecución de las sentencias de separación, divorcio y nulidad

Toda sentencia que decretare la separación, el divorcio o nulidad matrimonial fijará además los efectos o medidas que regularán la nueva situación personal y económica nacida entre los cónyuges que han sido parte en cualquiera de los tres procedimientos anteriores.

Tal y como hemos visto en el capítulo anterior, el juez acordará cuál de los esposos ostentará la guarda y custodia de los hijos sujetos a patria potestad, al que por regla general se le atribuirá el uso del domicilio familiar, establecerá un régimen de visitas en favor del padre que con los mismos no resida y fijará las aportaciones económicas que este deberá realizar para ayudar a sufragar los gastos generados por sus hijos. El juez podrá conceder también algún tipo de prestación económica en favor del cónyuge más desfavorecido a resultas de la ruptura familiar, a la vez que acordará la disolución del régimen económico-matrimonial, resolviendo todas las cuestiones planteadas en el procedimiento.

Una vez la sentencia dictada sea firme, ambas partes deberán cumplir lo establecido en la misma.

El incumplimiento de lo acordado en sentencia judicial

En muchas ocasiones, uno de los esposos se niega a cumplir voluntariamente la totalidad o parte de lo dispuesto en la resolución judicial.

En estos casos, la parte perjudicada por tal incumplimiento podrá acudir nuevamente ante el juez que dictó la sentencia y solicitar su nueva intervención con la finalidad de conseguir dar cumplimiento efectivo a lo dispuesto en la resolución judicial que ha sido desatendida por la parte adversa.

Nos encontraremos en supuestos como que un esposo no abona la cantidad fijada en concepto de pensión compensatoria en favor del otro; cuando el padre que no tiene la custodia del hijo no paga las cantidades fijadas en concepto de alimentos en favor del mismo; también cuando dicho padre no asiste a visitar a su hijo en los términos establecidos en sentencia o cuando dichas visitas no son en la práctica permitidas por el cónyuge custodio, etc.

Las actuaciones realizadas por el juzgado con posterioridad a que el mismo haya dictado sentencia, encaminadas a garantizar el cumplimiento de lo acordado en dicho pronunciamiento judicial, se denominarán *efectuadas en la fase de ejecución de sentencia*.

Junto al supuesto ya comentado en que nos hallemos ante la negativa de uno de los cónyuges de llevar a cabo lo acordado en la sentencia, también podremos acudir a la fase de ejecución de sentencia con el objetivo de liquidar el régimen económico-matrimonial de gananciales.

Es decir, con la intención de realizar las operaciones procedentes para conseguir repartir entre los esposos aquellos bienes comunes adquiridos durante el matrimonio.

En las próximas páginas desarrollaremos separadamente las posibles medidas y actuaciones a adoptar en el caso de que el cónyuge incumpla alguna de las obligaciones que al mismo le han sido impuestas, y acabaremos exponiendo los trámites a seguir para liquidar el régimen económico-matrimonial de gananciales.

Impago de pensiones

El impago de las pensiones es posiblemente el principal motivo por el cual quien fue parte en un procedimiento matrimonial acude nuevamente al juzgado para solicitar la ejecución de uno de los acuerdos adoptados en la sentencia que ha sido incumplido por la parte adversa.

Si uno de los progenitores no recibe del otro el importe establecido en concepto de una pensión, ya sea de alimentos en favor de los hijos o compensatoria a favor del propio cónyuge, puede solicitar la ayuda judicial para cobrar las deudas impagadas.

Para ello deberá acudir, asistido de abogado y procurador, ante el juez que acordó la separación, el divorcio o la nulidad matrimonial y presentar un escrito reclamando los importes atrasados, concretando en el mismo, de forma detallada, los meses que se adeudan.

De la misma manera, el progenitor perjudicado podrá reclamar en el mismo acto la actualización de las pensiones devengadas (según el IPC u otro sistema de actualización previsto en la sentencia), debiendo, del mismo modo, especificar las sumas y periodos que se le deben por este concepto.

Recibida la petición anterior, el juez por lo general dará traslado de la reclamación formulada por el cónyuge acreedor de la pensión al cónyuge deudor de la misma, a fin de que este pueda realizar las manifestaciones que considere oportunas.

El cónyuge obligado al pago podrá oponerse a la ejecución interesada por la parte adversa alegando haber abonado total o parcialmente las cantidades que le exigen o, en su caso, probando que la reclamación al mismo efectuada en concepto de atrasos no se corresponde con la realmente debida por adolecer la primera de error aritmético en su cálculo o por estar la misma basada en actualizaciones anuales mal computadas.

Hay ocasiones en que el cónyuge acreedor no inicia los trámites judiciales para cobrar las pensiones debidas por el otro cónyuge hasta varios años después de que este dejó de abonarlas. En estos casos, el deudor podrá negarse a pagar, por prescripción de la acción ejercitada, aquellas mensualidades debidas en concepto de pensión de alimentos y la compensatoria cuya exigibilidad haya superado los cinco años.

Es decir, si el señor M estaba obligado a pagar a la señora N una pensión por alimentos desde el año 1993, pero no la ha abonado nunca y la señora N no se la ha reclamado hasta el enero del año 2000, el señor M podrá negarse a satisfacer las mensualidades adeudadas durante los años 1993 y 1994, pero estará obligado a abonar las que se devengaren a partir de enero de 1995.

Por el contrario, y en términos generales, no prosperarán las alegaciones vertidas por el cónyuge deudor según las cuales ha dejado de abonar la pensión a la que estaba obligado por haber sufragado a cambio gastos varios que el hijo ha precisado (ropa, ordenador, viajes de ampliación de estudios). El obligado al pago deberá abonar la cantidad fijada en sentencia, entendiéndose aquellas compras que ofrezca a su hijo como un acto de liberalidad, como si de un regalo se tratara.

Suele ser muy frecuente que en el transcurso de los años, la situación económica y familiar de los progenitores varíe considerablemente: por carecer o haber disminuido los ingresos del pagador o incrementado los del perceptor, por aumentar el deudor sus cargas familiares al haber tenido otros hijos de una nueva unión sentimental, etc. En el supuesto de que se haya alterado la proporcionalidad existente, cuando se dictó la sentencia, entre los medios entre quien paga la pensión y las necesidades de quien la recibe, el interesado deberá iniciar un procedimiento de modificación de sentencia (véase el capítulo «Modificación de las medidas acordadas en sentencia» pág. 113) solicitando que se establezca un aumento o una minoración de la cuantía a abonar, no pudiendo no obstante dejar de pagar o disminuir la cuota a ingresar por propia decisión. En todo caso, si así lo hiciera, el cónyuge perjudicado por tal actuación unilateral podrá recurrir a la vía judicial en defensa de sus derechos.

Acudiremos a un ejemplo para aclarar los puntos expuestos. Supongamos que el señor S debe abonar a la señora Z 240 euros (40.000 ptas.) al mes en concepto de alimentos en favor de su hijo, pero el señor S ha dejado de ingresar el citado importe toda vez que ha perdido su puesto de trabajo y sus ingresos económicos se han visto reducidos al cobro de una prestación por desempleo, que destina a cubrir sus necesidades básicas y, con lo poco que le sobra, compra ropa y juguetes a su hijo. En este caso, el señor S estaría obligado a continuar pagando los 240 euros mensuales a la señora Z hasta el momento en que, una vez instado un procedimiento judicial solicitando que se modifique la cuantía a pagar atendiendo a su nueva situación económica, un juez acordare que la nueva prestación a pagar se reducirá a 150 euros (25.000 ptas.) mensuales. Además, el dinero que el señor S hubiere gastado en compras de objetos varios para su hijo no se podría deducir de las cantidades adeudadas en concepto de alimentos en favor del mismo.

Igual tratamiento debemos darle a los supuestos en que, transcurrido un periodo de tiempo durante el cual uno de los progenitores ha estado abonando determinada cantidad a favor de sus hijos menores de edad, estos cumplan los dieciocho años. No obstante, que los hijos alcancen la mayoría de edad no implica que deba cesar de modo inmediato y sin más trámite la obligación de abonar la pensión de alimentos de la que los hijos son merecedores. Antes al contrario, esta deberá mantenerse salvo que el progenitor interesado inste el oportuno procedimiento judicial solicitando la supresión o reducción de la misma, atendida la nueva coyuntura familiar. Al respecto deben tenerse en consideración las manifestaciones ya expuestas en el capítulo precedente con relación a los alimentos en favor de hijos mayores de edad.

Cabe añadirse que la prestación alimentaria deberá abonarse mensualmente sin que quepa dejar de abonar aquella que corresponda al mes de vacaciones estivales o parte proporcional de tiempo que el hijo conviva, en el ejercicio del derecho de visitas, con el cónyuge pagador de la pensión.

Finalmente, debemos hacer mención expresa a que el hecho de que el progenitor que ostenta el derecho de visitas y es a la vez obligado al pago de la pensión alimentaria no ejerza efectivamente por propia voluntad o por impedirlo el cónyuge que resida junto a los hijos, el derecho de visitas que tiene concedido, no implicará que se encuentre amparado para dejar de abonar la cantidad concedida en concepto de alimentos. En el supuesto de que sea el cónyuge que viva con el hijo el que se niegue, de modo ilegítimo, a facilitar el cumplimiento del régimen de visitas establecido, el progenitor perjudicado deberá acudir a la vía judicial en defensa de sus intereses, mas no podrá unilateralmente suprimir el abono de las pensiones establecidas legalmente.

En función de las alegaciones formuladas y probadas por las partes (en pro o en contra de modificar las cuantías de las pensiones a pagar en concepto de alimentos o pensión compensatoria), el juez resolverá fijando, en su caso, las cantidades que a partir de ese momento se devengarán, modificando o no las ya inicialmente previstas.

Dicha decisión judicial podrá ser recurrida por la parte que se halle en desacuerdo con la misma.

Si el cónyuge deudor sigue sin pagar las cantidades debidas, el juez podrá decretar el embargo de bienes del deudor en la proporción necesaria hasta cubrir las cantidades pendientes de satisfacer por el mismo. La parte que pretende el cobro de las pensiones impagadas podrá designar los bienes del moroso a embargar, siendo estos más frecuentemente el salario o pensiones que perciba el obligado al pago o los bienes inmuebles propiedad del mismo.

En el supuesto de embargarse un sueldo o pensión (de desempleo, de incapacidad, de jubilación, etc.), el juez solicitará a la empresa o al pagador dicha prestación, a fin de que le informe del importe que el deudor percibe por tal concepto. Una vez el juez conozca las cuantías exactas percibidas, decidirá la cantidad a retener mensualmente de dicho salario o pensión, con cargo a la deuda reclamada.

En el caso de embargo de un bien mueble o inmueble, si persiste el impago, se iniciará un procedimiento tendente a subastar el bien embargado, a fin de que con el montante que se obtenga en la subasta, pueda hacerse cobro el cónyuge deudor. Para ello, previamente al mismo acto de la subasta, tendrán que valorarse económicamente los bienes embargados, con lo cual, tratándose de bienes inmuebles, será básico conocer las cargas que afecten al mismo (la existencia de una hipoteca sobre el piso o el hecho de que el inmueble se halle alquilado serán las más comunes). Para averiguar si sobre el bien inmueble pende alguna carga, acudiremos al Registro de la Propiedad en el que el inmueble esté inscrito donde nos informarán al respecto.

Si tras practicar los correspondientes embargos se observase que los bienes embargados no cubren el importe de la deuda (por ejemplo, cuando asciende a 1.800 euros —300.000 ptas.— y sólo se han embargado bienes por valor de 1.200 euros —200.000 ptas.—), el deudor podrá interesar una mejora del embargo, es decir, podrá solicitar el embargo de nuevos bienes hasta que finalmente se cubra con los mismos la cuantía fijada por el juez como adecuada.

Incumplimiento del régimen de visitas

Como ya se ha indicado en las páginas anteriores, será el juez quien fije el régimen de visitas que regulará las relaciones paterno-filiales entre los hijos y el progenitor que no ostente su guarda y custodia. El juez, en su resolución, establecerá cuándo el padre no custodio podrá permanecer en la compañía de su hijo.

No obstante, a pesar de que exista un pronunciamiento judicial al respecto, no debe concebirse el régimen de visitas establecido por la autoridad judicial como una fórmula encorsetada y rígida que hay que cumplir forzosamente, y en todo caso, sin relajación o modificación alguna.

Los propios padres, a tenor de las necesidades concretas del momento, podrán acordar entre ellos modificaciones de mayor o menor entidad del régimen de visitas judicialmente establecido. Ello ocurrirá así siempre y cuando coincidan las voluntades de ambos. En el supuesto de que los padres discutan sobre el modo en cómo llevar a la práctica el derecho del progenitor no custodio a visitar a sus hijos, y no alcancen ningún acuerdo en cuanto a ello, deberán atender escrupulosamente a la decisión judicial.

A título de ejemplo, imaginemos que el fallo judicial establece que el hijo permanecerá junto a su padre los fines de semana alternos desde el viernes a la salida del colegio hasta los domingos por la tarde, y no obstante, el hijo realiza actividades deportivas, hasta avanzada la tarde de los viernes, en un centro diferente al que habitualmente cursa sus estudios. Teniendo en cuenta que debido a las actividades formativas del hijo, no será posible atender lo dispuesto en la sentencia, los padres podrán acordar, sin necesidad de consentimiento judicial, que la recogida del menor se efectúe los sábados por la mañana en casa del progenitor con el que conviva, permaneciendo con el hijo el padre con derecho a visitas hasta los lunes por la mañana, cuando lo acompañará al colegio.

El derecho de visitas no debe entenderse únicamente como una prerrogativa encaminada a satisfacer los intereses exclusivos del progenitor no custodio, sino también como una obligación exigible al mismo. Se constituye como un deber del progenitor permanecer temporalmente junto a sus hijos, encaminado a cubrir las necesidades afectivas de los niños y a garantizar unas relaciones paterno-filiales estables.

En la práctica, el cumplimiento efectivo del régimen de visitas establecido judicialmente puede acarrear tensiones y discusiones entre los padres del menor. En tales casos será preferible que las propias partes implicadas solucionen los problemas generados de forma amistosa, intentando que no influyan sus diferencias personales en el normal desarrollo emocional del hijo. Mas, en ocasiones, será preciso acudir al auxilio judicial a fin de normalizar y garantizar el efectivo cumplimiento del régimen de visitas establecido en sentencia.

Cualquiera de los progenitores puede acudir frente la autoridad judicial en defensa de sus intereses, tanto el progenitor con quien convivan los hijos como el que ostente el derecho a visitarlos.

Si es el cónyuge que ostenta la guarda y custodia el que acude a la vía judicial, generalmente su motivación se hallará en el reiterado incumplimiento por parte del progenitor no custodio del régimen de visitas establecido (no viene a ver al niño) o en su cumplimiento de un modo tan discrecional y aleatorio que dificulta la aplicación práctica del régimen establecido (es decir, viene a recoger al niño en días y horas diferentes a la establecidas judicialmente).

Ante todas las problemáticas que puedan suscitarse, tras escuchar las alegaciones que la parte contraria quiera exponer, el juez resolverá adoptando las medidas que considere oportunas en aras a garantizar el efectivo cumplimiento del régimen de visitas establecido en la sentencia.

Si nos encontramos en la situación contraria, en aquellos supuestos en que sea el padre con el que el niño no convive aquel que se vea necesitado de acudir al auxilio judicial con el objetivo de hacer valer sus derechos, generalmente alegará la imposibilidad de visitar a sus hijos frente a la negativa del padre custodio de facilitar tales encuentros.

Ante estas circunstancias, una vez presentado escrito ante el juzgado manifestándose la imposibilidad de ejercer el derecho de visita, el juez dará traslado al otro cónyuge para que pueda realizar las manifestaciones que crea oportunas, siendo las más frecuentes la negativa de los hijos a acudir junto al progenitor no custodio por no atender este convenientemente las necesidades afectivas de aquellos o por convivir con otra persona o por recibir de tal progenitor malos tratos físicos o psíquicos, etc. Efectuadas las manifestaciones por ambas partes, el juez resolverá ratificando el régimen de visitas fijado o limitándolo de considerarlo conveniente.

En el caso de que, aun a pesar de que exista resolución judicial que obligue al progenitor, que ostenta la guarda y custodia, a cumplir el régimen de visitas establecido, este siga negando o dificultando sin motivo alguno las relaciones paterno-filiales entre el otro progenitor y los hijos, el juez podrá acordar que se proceda a la entrega forzosa de los niños con intervención de la fuerza pública, previéndose también la posibilidad de que el cónyuge que se reitere en la anterior negativa, se vea acusado de un posible delito de desobediencia grave a la autoridad judicial (tramitándose el oportuno procedimiento al efecto en la vía jurisdiccional penal). Estas medidas, extremadamente graves, se adoptarán únicamente en supuestos extremos en que puedan resultar justificadas.

La vivienda

Bajo este epígrafe haremos referencia a las posibles actuaciones y soluciones a adoptar en el supuesto de que el cónyuge, al cual no se le ha concedido el uso de la vivienda familiar en una resolución judicial (en medidas provisionales o sentencia), se niega a abandonarla.

Ante esta problemática el cónyuge perjudicado deberá acudir al juzgado solicitando se proceda a realizar las actuaciones oportunas para asegurar el desalojo de la vivienda por parte del cónyuge a quien no le ha sido otorgado el uso de esta.

En estos supuestos, el juez generalmente acordará requerir al cónyuge que se niega a abandonar el hogar familiar, para que proceda efectivamente a dar cumplimiento a la orden judicial de desalojo. Y en el supuesto de que este no lo hiciera, el juez iniciará los trámites tendentes a garantizar el lanzamiento o expulsión del cónyuge incumplidor del domicilio, a cuyo fin podrá recurrir, en el supuesto de que sea necesario, al auxilio de la fuerza policial.

Gastos extraordinarios

El progenitor no custodio, abonando el importe fijado en sentencia en concepto de alimentos en favor de los hijos, contribuye, en la medida que se ha considerado por el juez oportuna, en el sostén económico que precisan los hijos.

No obstante, en ocasiones pueden generarse situaciones concretas en que por motivos diversos deban realizarse aportaciones económicas extraordinarias. En tales casos, el cónyuge que ostenta la guarda y custodia puede dirigirse al cónyuge no custodio para solicitar que este contribuya, generalmente al 50 %, a sufragar el gasto extraordinario.

Es aconsejable que sean los propios progenitores quienes de común acuerdo decidan en qué medida colaborarán cada uno en el abono de la cantidad extraordinaria a desembolsar.

En el supuesto de que finalmente no se alcanzare acuerdo al respecto, podrán los progenitores acudir ante la autoridad judicial, la cual, tras oír la versión de cada una de ellos y atendiendo a la naturaleza del gasto, acordará si realmente el mismo es extraordinario y, en tal caso, decidirá en que proporción abonarán los padres el coste del mismo.

Para que un gasto pueda ser considerado extraordinario y el cónyuge no custodio del hijo se pueda ver obligado a abonarlo, será preciso que dicho desembolso no obedezca a un mero capricho o comodidad del hijo, sino que deberá considerarse necesario para su correcto desarrollo físico o psíquico.

La casuística de lo que puede entenderse o no un gasto extraordinario es muy grande. Parece que tal consideración la tendrán los gastos odontológicos y demás tratamientos médicos de especial relevancia cuando los mismos no quedaren cubiertos por la Seguridad Social. Mayor dificultad tendrá la calificación de aquellos importes devengados a consecuencia de atención médica privada, debiéndose examinar la razón o motivo de recurrir a la misma. Por el contrario, como criterio general, deberá rechazarse que la realización de actividades extraescolares (deportivas o incluso culturales) o el seguimiento de cursos en el extranjero de perfeccionamiento de idiomas ostenten la calificación de gastos extraordinarios, y ello, no por cuanto no sean gastos atípicos o no habituales, sino por que los mismos no hallan su fundamento en ninguna causa de necesidad.

A pesar de lo dispuesto con anterioridad, recuérdese que los alimentos fijados en favor de los hijos se calcularán en atención a las necesidades de los mismos y a las posibilidades del progenitor obligado a abonarlos. Por ello, el seguimiento de actividades extraescolares desarrolladas con carácter habitual por el hijo al momento de la ruptura matrimonial, podrá ser considerado a la hora de establecer una mayor cuantía a abonar en concepto de alimentos.

Así pues, como conclusión, habrá que atenerse a la necesidad o aleatoriedad del gasto para calificarlo o no como extraordinario.

Liquidación de la sociedad de gananciales

Declarada la disolución del régimen económico-matrimonial de gananciales en sentencia de separación, divorcio o nulidad, deberemos proceder a su liquidación, o lo que es lo mismo, al efectivo reparto de los bienes comunes de los esposos obtenidos por los mismos durante la vigencia de su matrimonio.

Puede ocurrir que los cónyuges implicados lleguen a un acuerdo sobre el modo en que se realizará la atribución entre ellos de los bienes que integraban la masa ganancial. Cabe también la postura contraria, cuando nos hallemos en situaciones en las que existan discrepancias entre ambos esposos que impidan una solución pactada.

En estos casos deberemos acudir, como siempre que no existe acuerdo entre los interesados, a la vía judicial.

La sentencia judicial que ha decretado la disolución de régimen de gananciales puede a su vez acordar la liquidación del mismo o realizar alguna apreciación o valoración en el modo en que esta ha de llevarse a cabo. No obstante, y de modo especial en los supuestos en que dicha masa patrimonial no sea de proporciones reducidas y posea elementos patrimoniales de diferente naturaleza (inmuebles, acciones, objetos de arte, joyería, etc.), acudiremos a la fase de ejecución de sentencia para proceder, tras la realización de los trámites legalmente oportunos, al efectivo reparto a cada uno de los esposos, y al 50 %, del patrimonio existente en la masa ganancial.

A tal fin, el primer paso que deberá adoptar la parte interesada será el de acudir ante la autoridad judicial solicitando el inicio de los trámites para liquidar los bienes gananciales. A continuación el juzgado acordará citar a ambas partes para que comparezcan ante el mismo con el objeto de formar un inventario en el que se determinará con exactitud cuál es el activo y pasivo de la sociedad ganancial.

Expondremos a continuación los bienes que deben computarse en el activo y las deudas que se contemplarán en el pasivo del citado inventario, haciendo mención específica a los créditos y débitos generados entre cualquiera de los esposos y la propia sociedad de gananciales.

Por el momento iniciaremos nuestras explicaciones a partir de la enumeración prevista legalmente, relativa a los bienes que configuran el activo de la sociedad, que son los que se relacionan a continuación:

— aquellos que ostenten la cualidad de gananciales y existan en el momento de la disolución;

— el importe actualizado del valor que tenían los bienes al ser enajenados por negocio ilegal o fraudulento, si no hubieran sido recuperados;

— el importe de las cantidades pagadas por la sociedad de gananciales que fueran de cargo sólo de uno de los cónyuges y en general de aquellas deudas que constituyen créditos de la sociedad contra este.

En el primer caso, tendrán la consideración de gananciales los bienes que los esposos adquirieron a partir de la celebración de su matrimonio y que continúan formando parte de la masa ganancial en el momento de la disolución del régimen económico.

En el segundo, el importe actualizado del valor que tenían los bienes al ser enajenados por negocio ilegal o fraudulento, si no hubieran sido recuperados. Bajo este enunciado se alude a aquellas situaciones en las que uno de los esposos se ha desprendido de un bien, a través de venta, donación, cesión u otro negocio jurídico desarrollado de modo ilegal o fraudulento, y ello ha comportado una pérdida patrimonial a la sociedad de gananciales, y en consecuencia, también ha perjudicado los intereses del cónyuge ajeno a tal error.

Veamos un ejemplo. Supongamos una comunidad de gananciales del matrimonio formado por el señor M y la señora Z que tiene en su haber, entre otros bienes, un bien inmueble que el señor M, cegado por sus malas relaciones con la señora Z, decide vender a una tercera persona por una cantidad irrisoria para, una vez disuelta la sociedad ganancial, comprárselo de nuevo a esta, gozando esta vez el inmueble la condición de bien privativo, y ello con la finalidad de que los derechos de la señora Z en el momento de la efectiva liquidación de la sociedad se vean perjudicados. En consecuencia, la señora Z no percibiría los beneficios que le corresponderían por ser propietaria del 50 % de ese bien inmueble. De ocurrir los hechos de tal modo, a la señora Z le podría interesar la inclusión en el activo de la sociedad ganancial del valor actualizado de ese bien inmueble una vez deducido el precio, que aunque mínimo, se percibió por la venta y que ya acrecentó la masa patrimonial de los esposos.

En el tercer caso, se trata el importe de las cantidades pagadas por la sociedad de gananciales que fueran de cargo sólo de uno de los cónyuges y en general de aquellas deudas que constituyen créditos de la sociedad contra este. Puede darse la circunstancia de que uno de los esposos sea propietario de un bien por haberlo adquirido con anterioridad a la celebración del matrimonio, pero habiéndose pagado parte del precio aplazado después de este. En este caso, al disolverse la sociedad, el cónyuge propietario del bien deberá reembolsar a la masa ganancial el importe del precio del mismo que se pagó una vez ya contraído el matrimonio.

De no procederse de este modo se estaría creando un perjuicio a la masa común de los esposos por cuanto la misma habría disminuido, en la cuantía abonada, en concepto de adquisición de un determinado bien, sin que dicho objeto adquirido pasase a formar parte de la misma (ya que será privativo de uno de los cónyuges).

En este apartado también cabría hacer referencia a otro supuesto relacionado con la adquisición de acciones de una sociedad en virtud del derecho de suscripción preferente. Establece el legislador que las nuevas acciones u otros títulos o participaciones sociales suscritos como consecuencia de la titularidad de otros previos que fueran privativos de uno de los esposos (por ejemplo, por haberlos heredado) tendrán igualmente el carácter de privativos. No obstante, si para el pago de estos nuevos títulos adquiridos se hubiesen empleado fondos comunes, el importe de los mismos deberá devolverse a la sociedad ganancial.

Con todo ello se pretende que el cónyuge que ha aumentado su patrimonio a costa de disminuir la masa ganancial, restituya los importes con los que se ha beneficiado ya que, de modo contrario, se perjudicarían los intereses del esposo que no ha adquirido bien alguno.

Deudas y cargas

Finalizada ya la relación de bienes que configuran el activo de la sociedad, atendemos ahora a las deudas o cargas que constituyen su pasivo. Son las siguientes:

— las deudas pendientes a cargo de la sociedad;
— el importe actualizado del valor de los bienes privativos (propiedad exclusiva de uno de los cónyuges) cuando los mismos hayan sido deteriorados o gastados en el beneficio de ambos esposos;
— el importe actualizado de las cantidades que, habiendo sido pagadas por uno de los cónyuges, fueran a cargo de la sociedad, y en general, las que constituyan créditos de los cónyuges a la sociedad.

DEUDAS PENDIENTES A CARGO DE LA SOCIEDAD

Se trata de aquellas deudas contraídas por los esposos para sufragar los gastos originados a consecuencia de la vida familiar o con motivo de la gestión del patrimonio e intereses económicos de los propios cónyuges y que, a la fecha de liquidar el régimen económico-matrimonial, se encuentren todavía pendientes de abonar.

A su vez, el acreedor de la deudas que estamos comentando podrá ser uno de los dos cónyuges o un tercero (cualquier persona jurídica o física, que en este último caso no será ninguno de los dos cónyuges).

Cuando el acreedor fuera uno de los cónyuges, nos hallaríamos en el supuesto inverso al tercer punto de los bienes que constituyen el activo. Estamos haciendo referencia a las situaciones en que la sociedad adeuda, por cualquier motivo, una cantidad determinada a uno de los esposos sin que al momento de liquidar la sociedad ganancial haya sido hasta el momento satisfecha.

IMPORTE DE LOS BIENES PRIVATIVOS DE UNO DE LOS CÓNYUGES
CUANDO HAYAN SIDO GASTADOS EN BENEFICIO DE AMBOS

Aquí nos referimos a aquellos supuestos en que los esposos han vendido un bien privativo y con el dinero han adquirido un bien ganancial y aquellos casos en que los esposos han estado usando un determinado bien privativo (por ejemplo, un coche propiedad en exclusiva de uno de los esposos) para satisfacer las necesidades familiares. Ante tales circunstancias, cabrá incluir en el momento de inventariar, como una deuda más a cargo de la sociedad, el importe actualizado de ese bien vendido o deteriorado.

Cantidades a cargo de la sociedad

Este epígrafe hace referencia a las relaciones establecidas entre el cónyuge y la sociedad ganancial, pronunciándose en la misma línea argumental que se ha comentado con anterioridad. A tenor de la ley, se establece la necesidad de deducir de la masa ganancial aquellas cantidades que deberían haberse reducido de la misma para satisfacer gastos diversos y que, por cualquier motivo, se abonaron con cargo a los bienes privativos de uno de los esposos.

Una vez terminada la constitución del inventario por el juzgado, se adoptarán las medidas oportunas para garantizar la correcta administración y salvaguarda de los bienes comunes de los esposos durante el tiempo que dure el proceso de liquidación de la masa ganancial.

Después de realizarlo, precisaremos de la intervención de terceras personas, los denominados *peritos* y *contadores* (que pueden ser uno o varios, pero siempre en número impar), cuya labor consistirá, respectivamente, en cuantificar el valor de los bienes de la masa ganancial y en realizar las operaciones divisorias precisas para que, una vez deducidas las deudas existentes, el sobrante pueda ser adjudicado por mitad a cada uno de los esposos.

Así pues, con la intervención de tales profesionales se pretende, por un lado, determinar el importe al que asciende la masa común de los esposos, y por otro, proceder a la equitativa división de la misma en dos mitades para otorgar cada una de ellas a uno de los esposos.

Los contadores y peritos plasmarán sus conclusiones en un documento que se conoce como *cuadernos particionales* y se pondrán en conocimiento de ambas partes para que puedan formular las alegaciones que crean oportunas.

Si ambos cónyuges manifiestan su conformidad a la propuesta contenida en el cuaderno particional, o no manifiestan su oposición a la misma, el juez dictará acordando de conformidad con lo dispuesto en el proyecto indicado. Si por el contrario, alguna o ambas partes disienten del contenido de dicho cuaderno, y las partes no logran finalmente superar sus diferencias, las discrepancias surgidas deberán continuar discutiéndose en un procedimiento que deberán iniciar al respecto.

En este punto debemos hacer referencia a las pautas que se habrán seguido a la hora de cuantificar el montante al que asciende la masa ganancial.

Una vez conocidos los activos que conforman la masa patrimonial se deducirán las deudas que la misma soporte. Para ello, primeramente se abonarán las deudas alimentarias, que en todo caso tendrán preferencia. Con posterioridad se pagarán las deudas contraídas frente a terceros y finalmente aquellas que la sociedad tenga con los propios cónyuges.

Para hacer los citados pagos, se recurrirá a las cantidades en metálico existentes en la masa ganancial. De no cubrirse con el dinero de los esposos la totalidad de las deudas, los acreedores de las mismas podrán cobrar sus créditos adjudicándose bienes gananciales (que de ostentar condición de gananciales pasarán a ser propiedad del acreedor) o podrán promover la enajenación de estos bienes gananciales para hacerse cobro de las deudas a partir del importe obtenido de dicha enajenación.

Veamos un ejemplo. Si el señor B tiene que cobrar una deuda de 6.000 euros (1.000.000 de ptas.) de los esposos A y G, y estos, poseen únicamente 1.800 euros (300.000 ptas.) en metálico, este importe se destinará a pagar la deuda contraída por los cónyuges frente al señor B, el cual podrá hacerse cobrar de los restantes 4.200 euros (700.000 ptas.) atribuyéndose, por ejemplo, el vehículo propiedad de A y G valorado en dicho importe, o instar la venta del mismo para que los 4.200 euros obtenidos por esta transmisión sean entregados a su acreedor.

Una vez ya pagadas las deudas y cargas de la sociedad frente a todos sus acreedores, el remanente se dividirá por la mitad y se entregará el 50 % del mismo a cada uno de los esposos. Con todo, cada cónyuge tendrá derecho a que se incluya, con preferencia en su haber o porción, una serie de bienes cuya proximidad a los mismos reconoce el legislador.

Se computan, dentro de la citada categoría de bienes a imputar preferentemente en favor de un determinado cónyuge, sus ropas y objetos de uso personal que no tengan un valor extraordinario, y el local, explotación agrícola, comercial o industrial, en la que uno de los esposos haya venido ejerciendo su actividad laboral.

El concepto de extraordinario, valor referido a un bien de uso personal, es lógicamente muy amplio e impreciso, mas deberemos atender al bien en concreto a fin de determinar si puede incluirse en dicha calificación.

En cuanto a la prioridad de atribución a uno de los esposos del local o instalación donde el mismo desempeña su actividad laboral, responde a la lógica necesidad de evitar un perjuicio profesional, y consecuentemente económico, excesivamente grave al cónyuge que explota el mismo.

Cabe añadir de igual modo que, si durante la tramitación de la liquidación de la masa ganancial falleciese uno de los cónyuges, el superviviente tendría derecho, frente a los herederos del finado, a que se le atribuyere la vivienda donde tuviese la residencia habitual.

Finalmente, y ya para acabar las explicaciones relativas a la liquidación del régimen económico-matrimonial de gananciales, queríamos hacer una última precisión que, si bien puede desprenderse de los textos precedentes, entendemos que debe quedar clara en todo momento.

Según el propio legislador especifica, la participación de cada cónyuge en la masa ganancial será del 50 %. Sin embargo, ello no quiere decir que cada esposo tenga derecho al 50 % de todos y cada uno de los bienes, sino que ostentará el derecho a percibir el 50 % del total de los bienes comunes. De no ser así, llegaríamos a la absurda situación de tener que dividir bienes indivisibles, tales como un coche, un abrigo de pieles, una obra de arte, etc., o proceder a la venta de cada uno de los bienes a fin de atribuir el 50 % del dinero obtenido en cada ocasión al esposo y a la esposa.

Modificación de las medidas acordadas en sentencia

C omo ya hemos comentado en numerosas ocasiones, la sentencia que establezca la separación, el divorcio o la nulidad fijará también las pautas o normas que regularán en el futuro las nuevas relaciones personales y económicas de los dos cónyuges que han sido parte en el procedimiento matrimonial que se ha llevado a cabo judicialmente.

Estas pautas o medidas acordadas en sentencia regularán tanto el uso del domicilio familiar como cuestiones referidas a la guarda y custodia de los hijos sujetos a patria potestad, el derecho de visitas, las pensiones económicas en favor de los mismos o por uno de los cónyuges, etc.

La vigencia de las medidas acordadas en sentencia judicial firme es ilimitada en el tiempo. Salvo que la propia resolución establezca lo contrario (por ejemplo, cuando se limite el plazo a percibir pensión compensatoria por uno de los esposos a tres años), las medidas que establezca la sentencia se aplicarán indefinidamente, sin que por el mero transcurso del tiempo tales medidas puedan perder eficacia.

No obstante, las situaciones personal y patrimonial de cada uno de los miembros de la familia podrán variar con el paso de los meses y los años, lo que podrá implicar la necesidad de cambiar determinadas medidas acordadas en sentencia.

Así por ejemplo, llegará un día en que los hijos que en el momento del divorcio de sus padres eran menores de edad cumplirán los dieciocho años. Podrá ocurrir también que los ingresos del cónyuge obligado al pago de la pensión por alimentos aumenten o disminuyan, a la vez que también podrán variar las necesidades de los hijos. El cónyuge perceptor de una pensión compensatoria podrá acceder a un puesto de trabajo que le permita sufragar sus propios gastos o incluso contraer nuevo matrimonio.

Así pues, si las circunstancias en atención a las cuales se dictó la sentencia originaria hubieran variado por el transcurso del tiempo, podría suceder que se hubieran convertido en inadecuadas las medidas que en su momento se acordaron.

Ya que el juez, en el momento de pronunciar su sentencia, tomó en consideración la situación familiar vigente en aquel instante, modificada esta, el legislador prevé la posibilidad de que también puedan variar las medidas que se acordaron en dicha sentencia.

No obstante, para formalizar cualquier cambio o variación de una o varias de las medidas o efectos acordados en sentencia, deberemos acudir nuevamente al amparo judicial.

Será indiferente si la sentencia que deseamos modificar se dictó a consecuencia de un procedimiento de separación o divorcio contencioso o de mutuo acuerdo. Es decir, tanto si la resolución judicial fue dictada a raíz de un pacto alcanzado entre los esposos, como si fue el resultado final de un procedimiento basado en la discusión protagonizada entre los mismos, cabrá solicitar la modificación de lo previamente acordado.

La parte que considere que se ha producido una variación de circunstancias deberá instar ante los tribunales un procedimiento que denominaremos de *modificación de medidas.*

Si ambas partes creen oportuno modificar las medidas adoptadas en su día, y están de acuerdo sobre el modo en que se producirá la variación, podrán acudir de común acuerdo ante la autoridad judicial competente con la finalidad de que se les reconozca el pacto alcanzado entre las mismas.

Debemos ya dejar claro que las modificaciones a las que nos estamos refiriendo no podrán ser adoptadas unilateralmente por el esposo que las pretenda. Ha de desecharse esta posibilidad. Es más, en el caso de que uno de los esposos decidiese por propia voluntad incumplir alguna de las medidas acordadas en sentencia, aunque el mismo se basase en una modificación sustancial de las circunstancias personales o familiares, el otro esposo podría acudir a la vía judicial para asegurarse su cumplimiento.

Veamos un ejemplo: si el señor T debe abonar una cantidad mensual a la señora N en concepto de alimentos de su hija y esta alcanza la mayoría de edad, el señor T podrá solicitar judicialmente que se suprima o se disminuya la obligación de pagar la cantidad fijada en sentencia, pero no podrá dejar de ingresar la cuantía a cuyo pago está obligado por propia decisión. En el caso de que lo hiciera, la señora N podrá solicitar al juzgado que se adopten las medidas oportunas para garantizar el cobro de las cantidades indicadas, pudiéndose acudir incluso al embargo del sueldo del señor T.

Si bien el derecho a acudir al procedimiento de modificación de medidas acordadas en sentencia ampara tanto a los cónyuges separados como a los divorciados, si la variación de las circunstancias se produce en un matrimonio únicamente separado (no divorciado), estos cónyuges tendrán en la práctica una doble solución. Podrán optar entre instar un procedimiento judicial tendente exclusivamente a la modificación de las medidas acordadas en el momento de su separación o inclinarse por iniciar un procedimiento de divorcio.

En el caso de que prefieran solicitar el divorcio, se podrá aprovechar la tramitación del mismo para modificar las medidas acordadas en el momento de la separación, consiguiendo además un nuevo efecto que será la efectiva disolución del vínculo matrimonial.

A continuación estudiaremos los procedimientos legalmente establecidos para obtener la modificación de los efectos de una sentencia, para finalmente analizar brevemente algunos supuestos ante los cuales podrá ser necesaria o conveniente efectuar las mencionadas modificaciones.

Procedimiento

Los esposos pueden estar o no de acuerdo en la necesidad de modificar las medidas acordadas en sentencia.

En el supuesto de que ambos consideren conveniente modificar la sentencia dictada en alguno o varios extremos y estén de acuerdo en relación con las nuevas medidas a adoptar, podrán acudir a la vía judicial a fin de que gracias al juez competente se reconozca la modificación acordada entre ambos.

En estos casos el procedimiento a seguir será el mismo que se ha previsto para la tramitación de un procedimiento de separación o divorcio de mutuo acuerdo. Recordaremos a continuación brevemente los trámites, adaptándolos a las circunstancias que implican una modificación de medidas, remitiéndonos al capítulo «La separación» (pág. 29) para un estudio más detallado.

Se presentará una demanda ante el juzgado, a la cual se unirá un convenio regulador en que se especifique la alteración de las circunstancias y la variación de las medidas pretendidas para adecuarlas a la nueva realidad. Con posterioridad, el juzgado citará a los cónyuges para que se ratifiquen ante sus dependencias en el convenio regulador previamente suscrito por los esposos, tras lo cual dictará la sentencia.

No obstante, si los esposos tuvieren en aquellos momentos hijos que todavía son menores de edad o incapacitados, previamente a dictar sentencia, el juez comunicará al ministerio fiscal la modificación interesada por los padres, el cual revisará que los intereses de los hijos queden salvaguardados con la modificación solicitada.

En la práctica, sin embargo, las demandas de modificación de medidas adoptadas en sentencia responden más a situaciones de desacuerdo de los cónyuges, en las que mientras según el punto de vista de uno de ellos se hallaría fundamentada una modificación, a tenor del otro, la misma no procedería, o de hacerlo, en un sentido diverso al pretendido por el cónyuge que la desea.

En estos casos, el procedimiento a seguir de cara a obtener la modificación de medidas será el mismo que se indicó para los supuestos en que se pretendía una separación o divorcio contencioso. Al igual que lo efectuado con anterioridad, nos remitimos a los comentarios expuestos en el capítulo «La separación» (pág. 29), realizándose a continuación un breve resumen del procedimiento que debe emplearse.

El esposo que desee modificar el régimen de medidas estable-cido en la sentencia de separación deberá presentar un escrito de demanda ante el juzgado contra el otro esposo en el que se ex-pondrá la variación que se pretende, motivándose las razones en que se basa la necesitad de tal modificación.

El juzgado pondrá en conocimiento de la parte demandada (el otro cónyuge) la reclamación efectuada contra el mismo, otorgán-dole un plazo de tiempo para que formule, de creerlo oportuno, es-crito de oposición a la demanda interpuesta, exponiendo en el mismo todas las alegaciones que procedan en la defensa de sus in-tereses.

Cumplimentado el trámite anterior, el juzgado dará comienzo a la fase probatoria del procedimiento, durante la cual cada una de las partes tratará de acreditar aquellas pretensiones que ya ha alegado.

De forma potestativa se prevé que las partes puedan solicitar al órgano judicial la celebración del trámite conocido como vista, el cual consistirá en brindar a ambas partes la oportunidad de formu-lar ante el juzgado las conclusiones que cada una haya alcanzado a través de las actuaciones desarrolladas en el procedimiento.

Finalmente, el juez dictará sentencia, en la cual resolverá moti-vadamente sobre la procedencia o no de la modificación solicitada por la parte actora.

En el supuesto de que alguna o ambas partes no estuvieran de acuerdo con lo dispuesto en esta sentencia, tendrán la posibilidad de recurrir la misma ante un órgano judicial superior, quien tras es-tudiar el expediente ya tramitado, dictará nuevo pronunciamiento resolviendo definitivamente.

Supuestos más habituales de modificación de medidas

Comentaremos a continuación algunos de los supuestos más habi-tuales en que cualquiera de las partes se podrá plantear solicitar al-guna modificación de las medidas acordadas en sentencia.

Ante cualquier petición (no consensuada entre las partes) en este sentido, el juez deberá valorar los argumentos a favor y en contra de conceder cualquier alteración de los efectos ya establecidos, adoptando finalmente en cada caso la solución que en el supuesto concreto considere más adecuada.

Supuestos relativos a la modificación de la guarda y custodia o del régimen de visitas

La modificación de la atribución de la guarda y custodia de los hijos sujetos a patria potestad supondrá que el esposo que la ostenta dejará de ejercerla en beneficio del otro progenitor que pasará a obtenerla.

Por su parte, la variación del régimen de visitas tendrá un carácter menos radical e implicará, por lo general, el incremento o disminución del mismo. En casos excepcionales, podrá significar incluso la suspensión temporal del régimen de visitas, pero ello únicamente ocurrirá cuando nos hallemos ante situaciones graves que aconseje tomar una medida tan drástica o cuando el padre o madre que goce del derecho de visita incumpla de modo reiterado los deberes impuestos en la resolución judicial.

La excepcionalidad de la posibilidad de suspender el régimen de visitas debemos hallarla, como se recordará, en que las mencionadas visitas no se prevén en interés tan sólo del progenitor que las lleva a cabo sino especialmente en beneficio del hijo, quien no puede verse perjudicado por la interrupción no fundada del régimen de visitas.

Los fundamentos en que se basará la modificación del régimen de visitas serán similares a aquellos en que se amparará una alteración de la atribución de la guarda y custodia.

Cuando alguna de las partes decide acudir a la vía judicial para solicitar que se modifique el progenitor que debe ostentar la guarda y custodia o se varíe el régimen de visitas, es frecuente que base sus argumentos en la falta de dedicación y atención al hijo, por parte del cónyuge custodio, o por parte del cónyuge con derecho a visitas. En algunas ocasiones incluso se alegará la conducta desordenada del titular de tales derechos, la cual se considerará que no es la propia y adecuada de un padre o madre respecto a su hijo: hablaríamos de supuestos de malos tratos causados al menor, adicción del progenitor a sustancias estupefacientes o al alcohol, el ejercicio de actividades delictivas, etc.

Puede también darse el caso de que las circunstancias laborales del progenitor custodio impidan el ejercicio de las labores de guarda y custodia, o que los mismos motivos profesionales conviertan en inviable un régimen de visitas que podemos calificar de habitual (fines de semana alternos).

De este modo, podría proceder la modificación de la atribución de la guarda y custodia cuando aquel cónyuge que la ostenta se vería obligado a viajar constantemente, lo que le obligaría a pernoctar fuera del hogar habitualmente sin poder atender al menor en su justa medida.

Igualmente, por ejemplo, sería quizá aconsejable establecer un régimen de visitas exclusivamente intersemanal en favor de aquel progenitor que, habiendo encontrado trabajo como camarero, desempeña tales labores los fines de semana, librando sin embargo los lunes, durante los cuales puede permanecer junto a su hijo. Por el contrario, podrá ser conveniente eliminar las visitas intersemanales en aquellos supuestos en que el hijo objeto de las mismas cuando era un bebé, haya alcanzado una determinada edad que no le permite compatibilizar dichos contactos con los estudios que está desarrollando.

Queremos también indicar que, por si solo, no es motivo de alteración de la atribución de la guarda y custodia ni del régimen de visitas establecido en favor de un determinado progenitor el hecho de que este conviva con tercera persona (nueva relación sentimental), salvo que ello se demuestre perjudicial para los hijos.

Supuestos relativos a la modificación del uso de la vivienda familiar

Generalmente este tipo de variaciones son interesadas por el esposo que no tiene atribuido el uso del domicilio conyugal frente al cónyuge que reside en el mismo, persiguiendo el primero que se declare extinguido el uso atribuido al segundo o bien interesando que se limite temporalmente el mismo (estableciéndose un máximo de uno, dos, tres, o más años en que el cónyuge contrario podrá permanecer en el domicilio conyugal). Veamos algunas situaciones en que puede prosperar algún tipo de modificación

Una de las posibles modificaciones más habituales en materia de uso del domicilio familiar se plantea, sobre todo si el titular del mismo es el cónyuge no custodio, cuando dicho domicilio fue atribuido a uno de los cónyuges para que residiera en él junto a los hijos y, a partir de cierto momento, se da la circunstancia de que estos han abandonado dicha residencia para pasar a vivir en vivienda distinta, restando en la misma ya únicamente el cónyuge.

En estos casos el juez valorará, a la hora de decidir, cuál de los dos esposos está en una situación más necesitada de protección, es decir, cuál de ellos tiene mayores posibilidades de proveerse de otra vivienda, tomando en consideración especialmente los ingresos económicos que obtiene cada uno de ellos.

También podrá solicitar el cambio de atribución del uso de la vivienda familiar aquel esposo a quien no se le concedió su uso en la sentencia, cuando la vivienda permanezca desocupada por haberse trasladado a otro domicilio, por su propia voluntad, el cónyuge con derecho a residir en ella.

Supuestos relativos a la modificación de la pensión alimentaria

La modificación de la cuantía a abonar por un cónyuge al otro en concepto de pensión alimentaria en favor de los hijos se podrá plantear principalmente, con la finalidad de reducir la misma; cuando hayan disminuido los ingresos del esposo obligado al pago (por haberse jubilado, hallarse en paro u otros motivos); cuando hayan aumentado sus cargas familiares (por el nacimiento de hijos a su cargo, fruto de otra relación sentimental) o incluso cuando lo que se incrementen sean los ingresos del progenitor con el que conviven los hijos (el cual habrá accedido a un empleo o bien habrán mejorado sustancialmente las condiciones económicas del que ya poseía).

Tendrá especial relevancia también, en aras a valorar la posible oportunidad de reducir la cuantía de la pensión alimentaria en favor de los hijos, el hecho de que los mismos hayan alcanzado la mayoría de edad, a cuyo fin deberemos atender igualmente si los mismos continúan estudiando, se encuentran buscando empleo o están trabajando, obteniendo con ello una remuneración.

De modo contrario a lo anterior, la pensión por alimentos en favor de los hijos podrá acrecentarse si los ingresos del pagador aumentan considerablemente o si los gastos que generen los hijos pasan a ser razonablemente superiores. Las necesidades del alimentado deberán ser siempre tomadas en consideración.

Parece lógico pensar que los gastos que pueda precisar un bebé serán inferiores a aquellos que generará un niño de diez años, pues si bien ambos deberán ser alimentados, el segundo tendrá unos gastos de educación (colegio, material escolar, actividades deportivas o culturales complementarias) y de ocio (cines, excursiones, asignación o paga semanal) de mayor entidad que los que pudiere generar un niño de corta edad.

Supuestos relativos a la modificación de la pensión compensatoria

Los cambios que pueden suscitarse en materia de pensión compensatoria pueden obedecer al deseo de cualquiera de los cónyuges de aumentarla o disminuirla, pero pueden basarse también en la mutua voluntad de los mismos de sustituirla por otras formas de pago. Iniciaremos la exposición fijándonos en esta última posibilidad.

En todo momento, y siempre y cuando ello obedezca a un acuerdo entre los dos cónyuges, estos podrán sustituir la pensión fijada judicialmente por una renta vitalicia (de por vida), por la entrega de uno o varios bienes, por la entrega de un capital (cantidad monetaria) o por la constitución de un derecho de usufructo sobre determinados bienes.

Veamos un ejemplo. Según establece la sentencia de divorcio, el señor A debe abonar a la señora C 120 euros (20.000 ptas.) mensuales en concepto de pensión compensatoria. En cualquier momento, el señor A y la señora C pueden acordar sustituir la citada pensión mensual por la entrega de un piso propiedad del señor A a la señora C, del cual será titular. A cambio cesará la obligación del señor A de pagar una pensión a la señora C.

También el señor A y la señora C podrán decidir que la pensión mensual de 120 euros se sustituirá por el cobro por parte de la señora C de una cantidad dineraria concreta y por una sola vez, o por la concesión a favor de la señora C del derecho de habitar durante toda su vida en un piso titularidad del señor A (usufructo vitalicio). Con esta última solución, la señora C verá garantizada mientras viva las necesidades de vivienda que se le pudieren generar.

La sustitución, como su propio nombre indica, implica una variación en la forma de pago: cesa la obligación de uno de los cónyuges de abonar de la pensión compensatoria al otro cónyuge, el cual, a cambio, percibe un bien (dinerario o no) o un derecho.

Más frecuente es sin embargo que las modificaciones en materia de pensión compensatoria obedezcan la voluntad de alguno de los cónyuges de modificar la cuantía de la misma o incluso a suprimirla. En estos casos deberemos atender a las posibles alteraciones del patrimonio de cada uno de los cónyuges, pues el derecho a percibir la pensión compensatoria se extingue por contraer el acreedor o la acreedora nuevo matrimonio o por vivir maritalmente con otra persona.

También debemos mencionar que el derecho a la pensión no se extinguirá si se produce la muerte del deudor. Ahora bien, los herederos podrán solicitar al juez su reducción o supresión.

Finalmente, y para acabar recordando, a modo de resumen, las diferentes problemáticas y posibles soluciones que, según hemos visto a lo largo de los diferentes capítulos de este libro, se nos pueden plantear a continuación adjuntamos dos esquemas que nos ayudarán a aclarar definitivamente nuestras ideas.

Se presentan a continuación esquemas explicativos de las circunstancias relativas a las sentencias de separación y divorcio.

**Circunstancias acaecidas con posterioridad
a la SENTENCIA DE SEPARACIÓN**

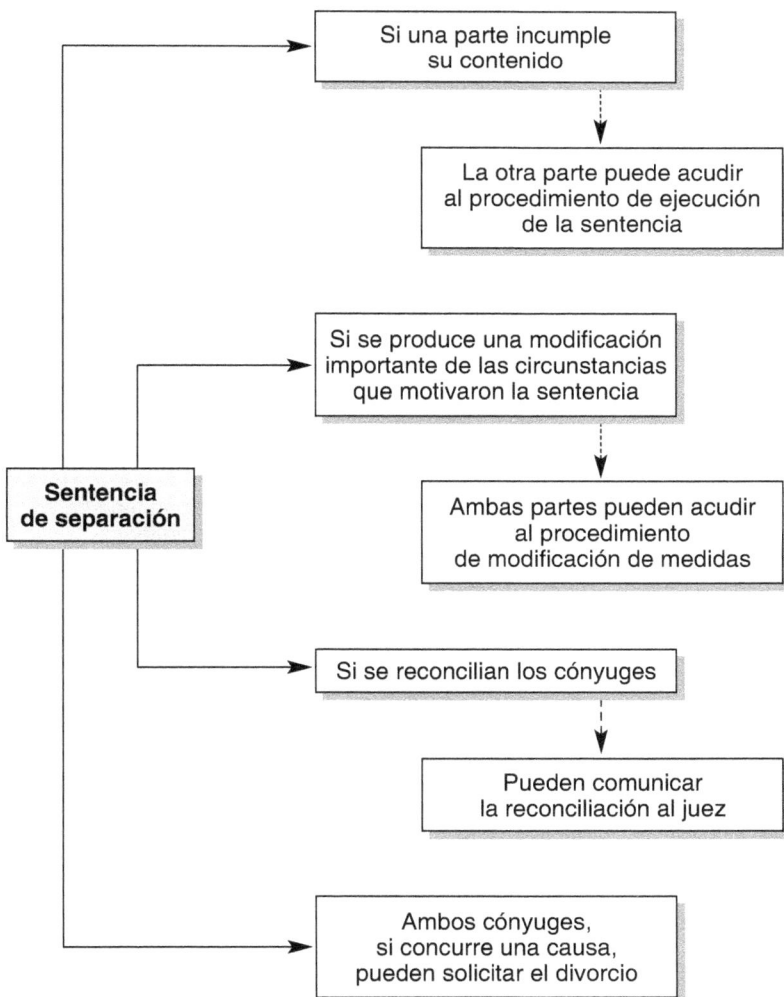

Sentencia
de separación

Si una parte incumple
su contenido

La otra parte puede acudir
al procedimiento de ejecución
de la sentencia

Si se produce una modificación
importante de las circunstancias
que motivaron la sentencia

Ambas partes pueden acudir
al procedimiento
de modificación de medidas

Si se reconcilian los cónyuges

Pueden comunicar
la reconciliación al juez

Ambos cónyuges,
si concurre una causa,
pueden solicitar el divorcio

Circunstancias acaecidas con posterioridad a la SENTENCIA DE DIVORCIO

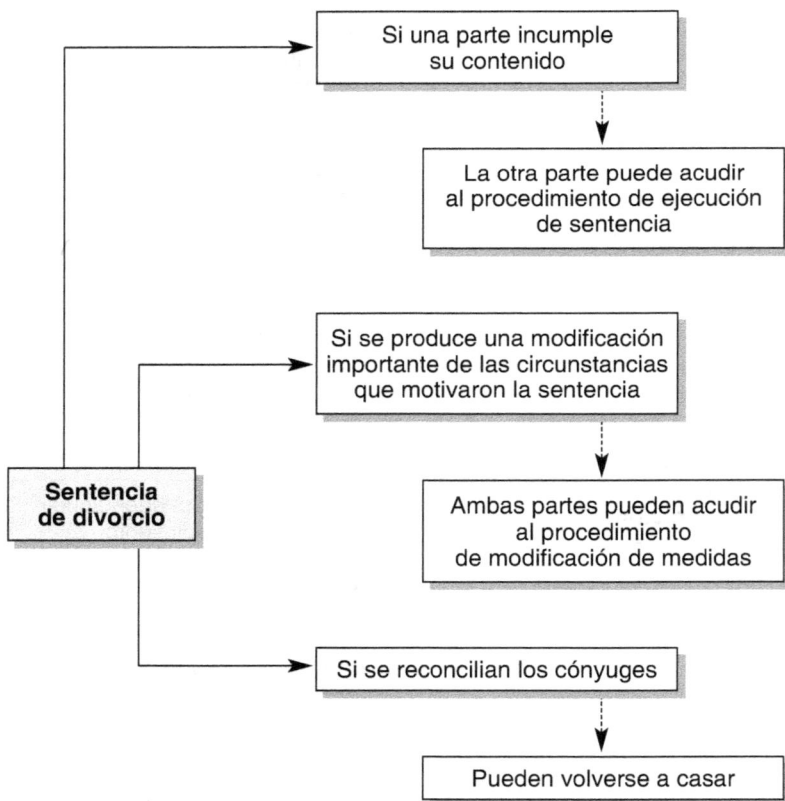

Sentencia de divorcio

Si una parte incumple su contenido

La otra parte puede acudir al procedimiento de ejecución de sentencia

Si se produce una modificación importante de las circunstancias que motivaron la sentencia

Ambas partes pueden acudir al procedimiento de modificación de medidas

Si se reconcilian los cónyuges

Pueden volverse a casar

APÉNDICE

Principales modificaciones introducidas por la ley 1/2000 de 7 de enero. La Ley de Enjuiciamiento Civil

En enero del año 2000 se decretó una nueva ley, denominada Ley de Enjuiciamiento Civil, que viene a sustituir a otra que, incluso con el mismo nombre, ya existía.

Esta nueva legislación a la que hemos hecho referencia, en la actualidad no está todavía vigente, no habiéndose establecido que la misma entre en vigor (surja efectos) hasta enero del próximo año 2001.

Dicha ley tiene por objeto regular los diferentes procedimientos civiles que existen en el ordenamiento jurídico español, entre los cuales se cuentan los procedimientos matrimoniales.

Por ello, a continuación, vamos a adelantar ya algunas de las modificaciones que introduce la nueva legislación respecto a la legislación vigente en el día de hoy, y que ha sido expuesta hasta el momento.

Debemos referir que ello no supone que todo los que hemos ido comentado a lo largo de este libro deje de ser válido. Todos los cambios que se producirán afectarán únicamente a cuestiones de procedimiento (de forma) no a cuestiones de derecho sustantivo (de fondo).

Esto es, y a título de ejemplo, no se modificarán las causas de separación, divorcio o nulidad, sino que solamente variarán parcialmente los procesos que hayan sido previstos legalmente para su tramitación.

Vamos a comentar sucinta y esquemáticamente las principales novedades introducidas por la nueva Ley de Enjuiciamiento Civil.

Son las siguientes:

a) Se introduce de modo expreso la obligatoriedad de que en todo procedimiento de separación o divorcio tramitado de común acuerdo, el juez deba mantener, previamente a dictar sentencia, una entrevista con el hijo menor de edad o incapaz, si tuviere suficiente juicio o, en todo caso si fuere mayor de doce años, a fin de que este pueda pronunciarse respecto a aquellos acuerdos relativos a su persona, adoptados por sus padres en el convenio regulador.

b) En los procedimientos, tanto de separación y divorcio contencioso como de nulidad, se pretenderá otorgar mayor relevancia a los trámites orales que se efectúen. Todas las partes deberán acudir a una vista en la que deberán manifestar sus pretensiones, exigiéndose con la nueva legislación.

c) El trámite de la vista (ahora potestativo) pasa a ser obligatorio.

d) Se permitirá a los esposos que puedan llegar a un acuerdo relativo a las medidas provisionales a adoptar en un procedimiento (contencioso) de separación, divorcio o nulidad. Este acuerdo se someterá a la aportación del juez, sin que el contenido del mismo sea considerado vinculante para las pretensiones respectivas de las partes ni para la decisión que dicho juez pueda adoptar en lo que respecta a las medidas definitivas a acordar en sentencia.

e) Se introduce como novedad la posibilidad de multar al cónyuge que incumpla de manera reiterada las obligaciones de pago de las cantidades que le correspondiese pagar, y ello sin que haya perjuicio de que, tal y como sucede ahora, puedan realizarse actuaciones de embargo sobre los bienes del mismo a fin de proceder a su cobro. Las multas mensuales podrán ascender a un 20 % de las cantidades que debiere abonar.

f) Se prevé expresamente que el incumplimiento reiterado de las obligaciones derivada del régimen de visitas, tanto por parte del progenitor custodio como del no custodio, podrán dar lugar a la modificación del régimen de guarda y custodia. Con la legislación vigente, aunque tácitamente se nos permitirá esta posibilidad, no se nos permitirá específicamente.

g) Se legitima al ministerio fiscal, en el supuesto de que existan hijos menores de edad o incapacitados, para que pueda promover la modificación de las medidas adoptadas en sentencia, siempre y cuando hayan variado sustancialmente las circunstancias tenidas en cuenta por el juez al aprobar las mismas. Así pues, no sólo se continuará legitimando a los esposos para promover la modificación de las medidas a las que nos hemos referido en el capítulo «Modificación de las medidas acordadas en sentencia» (pág. 113), sino que se abre la posibilidad a que la variación sea interesada por el ministerio fiscal, aunque ello únicamente sea en el supuesto de que existan los indicados hijos.

Modelos de escritos judiciales

En este capítulo final, para aclarar los conceptos que hemos ido comentando, vamos a presentar algunos modelos de demanda de separación, de divorcio, de contestación a la demanda, de modificación de medidas adoptadas en tales resoluciones y de ejecución de la sentencia.

Se trata de modelos básicos, con los cuales pretendemos aportar al lector una visión global del modo en que se estructurará una solicitud a la autoridad judicial.

El escrito en cuestión será redactado por el abogado que defienda al cónyuge, quien hará constar en el mismo las necesidades y motivos de su cliente, las cuales, como es obvio, variarán en cada caso en concreto.

Los escritos que se expondrán durante el proceso de separación o divorcio, o bien durante las alegaciones (salvo el convenio regulador de la separación o divorcio) se estructuran principalmente en cuatro partes o bloques diferenciados:

— primera parte: un encabezamiento en el cual se indicarán los datos personales de los esposos y se especificará la petición concreta que se formula (separación, divorcio, nulidad, ejecución de sentencia, modificación de medidas); en algunos casos que se comentarán más adelante, es necesario hacer constar el nombre del procurador de la parte que realice la petición que se está planteando.

— segunda parte (hechos o alegaciones): en ella se expondrán detallada y ordenadamente las pretensiones que se formulan y se justificarán la conveniencia de que las mismas sean atendidas por el juez;
— tercera parte (fundamentos de derecho): se especificarán aquellos artículos de las leyes a partir de los cuales la parte base sus pretensiones;
— cuarta parte (súplica): consiste en un breve resumen en el que se harán constar de la manera más sintética posible cuáles son los pedimentos (es decir, las peticiones) de la parte y se solicitará que se dicte resolución judicial de conformidad a lo que haya solicitado la parte en cuestión.

Finalmente, y para facilitar al lector un cómodo y rápido acceso al modelo o formulario que le interese consultar, hemos preparado un listado de los diferentes modelos de demanda, convenio y contestación que se adjuntan.

Son los siguientes:

— demanda de separación de mutuo acuerdo;
— convenio de separación de mutuo acuerdo;
— demanda de divorcio contencioso;
— contestación a la demanda contenciosa de divorcio;
— escrito solicitando la ejecución de sentencia;
— demanda de modificación de las medidas que se hayan adoptado en sentencia.

Todos aquellos escritos que se presenten ante el juzgado en supuestos de procedimientos de separación, divorcio y nulidad, al igual que en otros muchos procesos más, deberán hacer constar en el encabezamiento el nombre del procurador que cada parte haya escogido.

Para que tal procurador pueda efectivamente proceder a representar a su cliente, este deberá concederle expresamente tal representación. Para ello, suele recurrirse a dos modos bien diferenciados de procedimiento:

— Apud Acta: compareciendo el cliente ante el juzgado y manifestando en él su deseo de que le represente un procurador determinado;
— mediante escritura de poder: formalizando el cliente ante un notario un documento (escritura de poder) en virtud del cual se concede la mencionada representación al procurador que se haya escogido.

DEMANDA DE SEPARACIÓN DE MUTUO ACUERDO

AL JUZGADO

DON ... [nombre y apellidos del procurador], procurador de los Tribunales y de DOÑA ... [nombre y apellidos de la demandante o parte actora, en este caso la esposa], según designa Apud Acta a formalizar ante la secretaría del juzgado en el momento procesal oportuno, ante el juzgado comparezco y como mejor proceda en derecho,

DIGO:

Que mediante el presente escrito y en la representación acreditada formulo DEMANDA DE SEPARACIÓN MATRIMONIAL con el consentimiento del esposo DON ... [nombre y apellidos del demandado, en este caso el esposo] con domicilio en ..., calle ..., demanda que baso en los siguientes

HECHOS

PRIMERO.– DOÑA ... y DON ... contrajeron matrimonio en ..., el día ..., según es de ver por el certificado literal de matrimonio que acompaño como Documento n.º 1.

SEGUNDO.– Que de dicho matrimonio ha nacido y vive un hijo, ..., nacido el día ..., según se acredita mediante certificación de nacimiento que se acompaña como Documento n.º 2.

TERCERO.– El domicilio familiar es el ubicado en ...

CUARTO.– Que el régimen económico-matrimonial es el régimen de gananciales.

QUINTO.– Que habiendo surgido entre los cónyuges desavenencias que han hecho imposible la convivencia matrimonial y por tanto, la continuación de la vida en común, han decidido de común acuerdo solicitar su SEPARACIÓN JUDICIAL, habiendo transcurrido más de un año desde la fecha de celebración del matrimonio, para lo cual han confeccionado la propuesta de Convenio Regulador y ello a efectos de que previa su aprobación y homologación judicial, adquieran efectividad legal los acuerdos suscritos libremente por los cónyuges.

Se aporta como documento n.º 3 el indicado Convenio Regulador.

A los anteriores hechos son de aplicación los siguientes

FUNDAMENTOS DE DERECHO

[En este apartado se consignarán los artículos de la ley en que la parte que presenta el escrito basa sus pretensiones. A título de ejemplo, en este primer modelo se especificarán los mismos para facilitar el acceso global al escrito judicial que se expone. No obstante, en los próximos formularios omitiremos referencias a los preceptos para facilitar su comprensión].

I.– En lo referente a la COMPETENCIA es de aplicación la disposición adicional 3.ª de la ley 30/81 de 7 de julio.

II.– En cuanto al PROCEDIMIENTO será el dispuesto en la Disposición Adicional 6.ª de la ley 30/81 de 7 de julio.

III.– En cuanto a la CAUSA DE SEPARACIÓN es de aplicación el Art. 81.1 del Código Civil.

IV.– En referencia a los EFECTOS de la separación, estos serán los recogidos en el Convenio Regulador, si es judicialmente aprobado, a tenor de lo dispuesto en el Art. 90 del Código Civil.

V.– La Disposición Adicional 9.ª de la ley 30/81 de 7 de julio de 1981, en cuanto a la inscripción de oficio de la Sentencia de Separación en el Registro Civil correspondiente.

En su virtud,

AL JUZGADO SUPLICO

Que habiendo por presentado este escrito, con los documentos que se acompañan y sus copias, se sirva admitirlos, y en sus méritos se me tenga por comparecido y parte en la presentación que acredito de DOÑA ..., y por deducida demanda de separación que se formula con el consentimiento de DON ..., para que en su día y previos los trámites legales oportunos se dicte sentencia por la que se acuerde la separación de los cónyuges con los efectos a los que se alude en el Convenio Regulador que se acompaña, ordenándose lo conducente para la práctica de las oportunas inscripciones en el Registro Civil, sin mención especial en cuanto a las costas.

En ... [lugar], a ... [fecha].

Firma letrado   Firma Procurador
Colegiado n.º   Colegiado n.º

CONVENIO DE SEPARACIÓN DE MUTUO ACUERDO

En ... [lugar], a ... [fecha].

REUNIDOS

De una parte, DOÑA ... [esposa], mayor de edad, con domicilio en ..., y provista de DNI ...

Y de otra, DON ... [esposo], mayor de edad, con domicilio en ... y provisto de DNI ...

Actúan ambos en su propio derecho e interés, reconociéndose mutuamente capacidad legal para contratar y obligarse y a tal efecto.

MANIFIESTAN

I.– Que contrajeron matrimonio canónico en ... [lugar] el día ...

II.– Que de su matrimonio nace y vive en la actualidad un hijo, llamado …, nacido el día ...

III.– Dicho matrimonio se contrajo bajo el régimen económico de régimen de gananciales, no habiendo otorgado los contrayentes capitulaciones matrimoniales que lo modifiquen.

IV.– Que por circunstancias que no son del caso exponer, y habiendo transcurrido el tiempo establecido legalmente, ambos esposos han decidido solicitar al Juzgado de común acuerdo la separación y regular sus efectos conforme al presente instrumento, con sujeción a los siguientes

PACTOS

PRIMERO.– GUARDA Y CUSTODIA Y PATRIA POTESTAD.

DOÑA … ostentará la guarda y custodia de su hijo, menor de edad …, siendo la patria y potestad compartida por ambos progenitores.

SEGUNDO.– RÉGIMEN DE VISITAS.

Se establece en favor de DON ..., el siguiente RÉGIMEN DE VISITAS:

a) El niño permanecerá en compañía de su padre los fines de semana alternos, desde el viernes a las 19 horas hasta el domingo a las 20 horas, y los días festivos no coincidentes en fines de semana, también en forma alterna, desde las 10 horas de la mañana hasta las 20 horas de ese mismo día.

b) En cuanto a las vacaciones de verano, Navidad y Semana Santa, ambos esposos acuerdan que el hijo permanecerá, de modo alterno, la mitad de las mismas junto a su padre, pudiendo escoger dicha mitad la madre en los años pares y el padre en los años impares.

En cumplimiento del régimen de visitas estipulado, se conviene que el padre deberá recoger a su hijo en el domicilio de su madre y reintegrarlo al mismo.

TERCERO.– DOMICILIO.

Se atribuye a la esposa, DOÑA ... el uso del domicilio que fue conyugal sito en ..., calle ..., en el que residirá junto a su hijo.

DON ... fijará su domicilio en ..., obligándose ambos esposos a comunicarse mutuamente cualquier cambio de residencia.

CUARTO.– PENSIÓN DE ALIMENTOS.

DON ... ingresará en la cuenta corriente de DOÑA ... , número ..., la cantidad de ... pesetas mensuales (por doce mensualidades) dentro de los cinco primeros días de cada mes y por meses anticipados, cantidad que se adecuará cada año a los Índices de Precios al Consumo que publica el Instituto Nacional de Estadística (INE) u organismo que en el futuro lo sustituya.

QUINTO.– PENSIÓN COMPENSATORIA.

Ambas partes, al no existir desequilibrio económico entre ellas, acuerdan NO establecer cantidad alguna en concepto de pensión compensatoria en favor de ninguno de los esposos.

SEXTO.– LIQUIDACIÓN DEL RÉGIMEN ECONÓMICO MATRIMONIAL.

Ambos esposos se hallan sometidos al régimen económico de gananciales, por lo que en este acto se procede a su liquidación del modo siguiente.

INVENTARIO

a) ACTIVO
— … de pesetas depositados en la cuentas corrientes de las entidades financieras …;
— inmueble sito en … valorado en … ;
— mobiliario depositado en el citado inmueble valorado en …;
   — vehículo … valorado en …;
   — acciones de las entidades … por importe de …
b) PASIVO
   — hipoteca constituida sobre el inmueble sito en …, siendo el capital pendiente de pago: …

DISTRIBUCIÓN

a) DOÑA … se adjudica …, el inmueble sito en … y los muebles existentes en el mismo.
b) DOÑA … deberá hacerse cargo del pago de la suma pendiente de abono de la hipoteca suscrita para la compra de la citada vivienda.
c) DON … se adjudica …, el coche … y las acciones de las entidades …

OCTAVO.– Las partes quieren dar al presente instrumento el carácter de proyecto de convenio regulador que se someterá a la aprobación judicial prevista por la ley.

Y en prueba de conformidad, firman este documento por triplicado ejemplar y a un solo efecto, en la ciudad y fecha indicados en el encabezamiento.

DOÑA …   DON …

DEMANDA DE DIVORCIO CONTENCIOSO

AL JUZGADO

DON ..., Procurador de los Tribunales y de DON ..., según designa Apud Acta a formalizante la secretaría del juzgado en el momento procesal oportuno, ante el juzgado comparezco y como mejor proceda en derecho,

DIGO:

Que mediante el presente escrito y en la representación acreditada formulo demanda de disolución por DIVORCIO del matrimonio celebrado por mi mandante con DOÑA ..., con domicilio en ..., calle ..., demanda que baso en los siguientes

HECHOS

PRIMERO.– DOÑA ... y DON ... contrajeron matrimonio civil en ... el día ...
Se acompaña de documento n.° 1, certificado de matrimonio.

SEGUNDO.– Que de dicho matrimonio ha nacido y vive un hijo, llamado ..., de ... años de edad.
Se acompaña de documento n.° 2, certificado de nacimiento.

TERCERO.– Que mi representado, de un matrimonio anterior tuvo dos hijos llamados ... y ..., siendo en la actualidad ambos mayores de edad, pero conviviendo ..., de veinte años de edad, en el domicilio que fue conyugal.

CUARTO.– Que el día ... de 1997, previa solicitud de DOÑA ..., el Juzgado de Primera Instancia n.° ... de ..., autos ... [datos identificadores del juzgado y procedimiento], dictó sentencia de separación del matrimonio formado por los esposos SRES. ... y ...

Se acompaña de documento n.º 3, certificación de la referida sentencia.

QUINTO.– Habiendo transcurrido más de dos años desde que se dictó la sentencia de separación, y no habiéndose reanudado la convivencia entre los esposos, es de interés de mi mandante solicitar la disolución de su matrimonio por divorcio.

SEXTO.– Efectos del divorcio.

1.– Custodia del hijo y régimen de visitas.

Solicita esta parte que se atribuya al padre la guarda y custodia del hijo del matrimonio.
DON ..., por hallarse jubilado, dispone de la totalidad de su tiempo para atender a su hijo ..., con el cual, siempre que se hallan en su mutua compañía, mantiene unas excelentes relaciones paterno-filiales, al igual que las existentes entre ... y sus hermanastros ... y ... .
Dicha dedicación total no puede ser facilitada al menor por su madre DOÑA ..., quien durante los días laborables viaja constantemente por motivos profesionales fuera de esta población, viéndose obligada reiteradamente a pernoctar fuera de su domicilio. Ello le impide atender al niño en la medida que este lo requiere.
Siendo la potestad de los hijos compartida por ambos progenitores, se interesa igualmente en favor de DOÑA ..., el siguiente

RÉGIMEN DE VISITAS:

a) El niño permanecerá en compañía de su madre los fines de semana alternos, desde los sábados a las 10 horas de la mañana hasta el domingo a las 20 horas, siendo recogido y devuelto a su padre en el domicilio de este.

b) En cuanto a las vacaciones de verano, Navidad y Semana Santa, ... permanecerá, de modo alterno, la mitad de las mismas junto a su madre, pudiendo escoger dicha mitad la madre en los años impares y el padre en los años pares.

2.– Uso del domicilio conyugal.

Atendido que la madre posee una vivienda de su propiedad en la que reside normalmente desde la separación del matrimonio, el uso de la que en su día fue domicilio conyugal, propiedad de DON ..., debe ser atribuido al mismo, en el que residirá junto con sus hijos ... y ...

3.– Pensión alimentaria en favor del hijo.

Solicita esta parte que en concepto de alimentos para ..., DOÑA ... abone el importe mensual de ... pesetas (por doce mensualidades), que ingresará en la cuenta que el padre designe dentro de los cinco primeros días de cada mes y por meses anticipados, cantidad que se adecuará cada año a los Índices de Precios al Consumo que publica el INE u organismo que en el futuro le sustituya.

DON ... posee como únicos ingresos económicos la pensión de jubilación que percibe por importe de ... pesetas mensuales, debiendo sufragar con ello, junto a los gastos personales básicos, los de su hijo ..., que a sus veinte años está todavía cursando estudios universitarios.

Por otro lado, DOÑA ... obtiene elevados ingresos económicos fruto de su actividad laboral, que le permiten sufragar la cantidad solicitada en concepto de pensión por alimentos.

FUNDAMENTOS DE DERECHO

[A continuación, como ya hemos indicado, se especificarían los preceptos legales en los que basemos las peticiones que solicitamos, los cuales deberán adaptarse en cada caso concreto, a tenor de las mismas].

En su virtud,

AL JUZGADO SUPLICO

Que habiendo por presentado este escrito, con los documentos que se acompañan y sus copias, se sirva admitirlos, y en sus méritos se me tenga por comparecido y parte en la representación que acredito de DON ..., y en consecuencia tenga por deducida demanda de divorcio del matrimonio contraído con DOÑA ... y, previos los trámites legales pertinentes, dictar en su día sentencia en la que se acuerde el divorcio de los cónyuges, ordenándose lo conducente para la práctica de las oportunas inscripciones en el Registro Civil, adoptándose como efectos del divorcio los expresados en el Hecho Sexto de esta demanda y que son los siguientes:

1.– Se acuerde atribuir la guarda y custodia del menor ... a DON ..., ostentando ambos progenitores la patria potestad compartida.

2.– Se conceda el régimen de visitas del menor en favor de la madre, en los siguientes términos:

a) El niño permanecerá en compañía de su madre los fines de semana alternos, desde los sábados a las 10 horas de la mañana hasta el domingo a las 20 horas, siendo recogido y devuelto a su padre en el domicilio de este.

b) En cuanto a las vacaciones de verano, Navidad y Semana Santa, ... permanecerá, de modo alterno, la mitad de las mismas junto a su madre, pudiendo escoger dicha mitad la madre en los años impares y el padre en los años pares.

3.– Se atribuya el uso y disfrute del que fuere domicilio conyugal a DON ...

4.– Se acuerde que DOÑA ... abonará a DON ..., en concepto de alimentos en favor de su hijo, la cantidad mensual de ... pesetas, por doce mensualidades, que ingresará en la cuenta que el padre designe, dentro de los cinco primeros días de cada mes y por meses anticipados, cantidad que se adecuará cada año a los Índices de Precios al Consumo que publica el INE u organismo que en el futuro le sustituya.

En ... [lugar], a ... [fecha].

Firma abogado   Firma procurador
Colegiado n.º   Colegiado n.º

CONTESTACIÓN A LA DEMANDA CONTENCIOSA DE DIVORCIO

Juzgado de Primera Instancia n.° ...
... [lugar]
Divorcio n.° ...

AL JUZGADO

DON ..., procurador de los Tribunales y de DON ..., según acredito mediante escritura de poder que, debidamente bastanteada acompaño, ante el juzgado comparezco y como mejor proceda en derecho,

DIGO:

Que mediante el presente escrito y en la representación que ostento, en tiempo y forma hábiles, paso a CONTESTAR la demanda de DIVORCIO interpuesta por DOÑA ... contra mi principal, contestación que baso en los siguientes

HECHOS

PRIMERO.– De acuerdo con los Hechos ... de la demanda (se indican los Hechos del escrito de demanda de divorcio con los que la parte demandada está de acuerdo: por ejemplo lugar y fecha de la boda, existencia o no de hijos nacidos de la unión matrimonial, etc.), negando los restantes en cuanto no sean expresamente admitidos en el cuerpo del presente escrito.

SEGUNDO.– No nos oponemos a que se establezca el divorcio del matrimonio formado por DOÑA ... y DON ..., pero sí en cuanto se conceda pensión compensatoria en favor de la actora.

Esta parte considera no debe atribuirse a favor de DOÑA ... pensión compensatoria alguna y ello principalmente por cuanto la ruptura matrimonial no comportó para la esposa desequilibrio económico alguno.

Desde que DON ... y DOÑA ... se casaron en ... [fecha] hasta el momento del cese de la convivencia conyugal, la esposa estuvo trabajando en ..., obteniendo como retribución a su actividad laboral un salario que siempre fue similar al percibido por mi representado en el mismo concepto. Por otro lado, desde el momento de la efectiva separación de los cónyuges hasta la actualidad, DOÑA ... ha continuado trabajando, pudiéndose sustentar perfectamente con el sueldo que la misma obtiene.

Por otro lado, debemos recordar que la unión marital únicamente se prolongó por espacio de 16 meses, decidiendo separarse los cónyuges de común acuerdo en ... [fecha], tal y como la misma parte actora admite en su escrito de demanda. En ese momento DON ... abandonó el domicilio conyugal, pasando a residir en ..., habiendo llevado desde entonces los esposos vidas separadas.

Se acompaña de documentos n.º ... nóminas acreditativas de los salarios obtenidos por ambos esposos en las fechas en que mutuamente acordaron su separación, y certificado de empadronamiento, donde se acredita la residencia del esposo en el domicilio (distinto del conyugal) sito en ... desde la fecha de la ruptura matrimonial.

Así pues, no habiendo producido la ruptura matrimonial desequilibrio alguno a la parte demandante, y teniendo en especial consideración el breve periodo de tiempo que los esposos convivieron maritalmente, entiende esta representación que no cabe conceder pensión por alimentos alguna en favor de DOÑA ...

A los anteriores hechos son de aplicación los anteriores

FUNDAMENTOS DE DERECHO

[Como en los casos precedentes, en este apartado se indicarán los preceptos legales en los que basemos nuestras pretensiones].

En su virtud,

AL JUZGADO SUPLICO

Se sirva admitir este escrito, con sus documentos y copias de los mismos, teniéndome por comparecido y parte, y por formulada contestación a la demanda de adverso, y en su día, y tras los trámites legales pertinentes, se sirva dictar resolución en la que se decrete el divorcio de los cónyuges y con los efectos solicitados en el presente escrito.

En ... [lugar], a ... [fecha].

Firma abogado   Firma procurador
Colegiado n.º   Colegiado n.º

ESCRITO SOLICITANDO LA EJECUCIÓN DE SENTENCIA

Juzgado de Primera Instancia n.º ...
Procedimiento n.º ...

AL JUZGADO

DON ..., procurador de los tribunales y de DON ..., ante el juzgado comparezco y como mejor proceda en derecho,

DIGO:

Que siendo firme la sentencia dictada en este procedimiento, por medio del presente escrito, vengo a instar la EJECUCIÓN de la misma, sobre la base de los siguientes

HECHOS

PRIMERO.– Que en fecha de ... se dictó sentencia en el presente procedimiento, en la que entre otros pronunciamientos, se disponía:

Que en concepto de pensión alimentaria para los hijos ... y ..., DOÑA ... abonará mensualmente a DON ..., dentro de los primeros cinco días de cada mes, la cantidad de 40.000 pesetas, que ingresará en la cuenta corriente n.º ... que el esposo posee en la entidad bancaria ..., suma que será actualizada anualmente conforme a las variaciones que experimente el IPC.

SEGUNDO.– Que DOÑA ... ha dejado de abonar la pensión por alimentos correspondiente a los meses de marzo a diciembre del presente año, que a razón de 40.000 pesetas al mes, asciende a un total de 400.000 pesetas.

No hay razón alguna que justifique su impago, percibiendo la DOÑA ..., fruto de su trabajo, un salario elevado que le permite sufragar holgadamente el importe fijado en sentencia en concepto de alimentos.

TERCERO.– Que en consideración a lo expuesto, y ante el incumplimiento de DOÑA ... del pago a la cantidad mensual de 40.000 pesetas que viene obligada en concepto de alimentos en virtud de sentencia judicial, para evitar mayores perjuicios y dilaciones, esta parte interesa se libre oficio a la empresa..., a fin de que proceda a retener mensualmente del sueldo de la misma, la cantidad de 40.000 pesetas indicada, ingresándola en la cuenta de mi representado, DON ..., que consta en las presentes actuaciones.

FUNDAMENTOS DE DERECHO

[Como en los casos precedentes, en este apartado se indicarán los preceptos legales en los que basemos nuestras pretensiones].

En su virtud,

AL JUZGADO SUPLICO,

Que habiendo por presentado este escrito, y sus copias, se sirva admitirlo, y en sus méritos tenga por instada la ejecución de la sentencia, acordándose requerir a DOÑA ... para que en el plazo de siete días proceda a ingresar la cantidad de 400.000 pesetas en la cuenta corriente de DON ... indicada en el presente escrito, librándose igualmente oficio a la empresa ... para que proceda a retener mensualmente de los salarios de DOÑA ... la cantidad de 40.000 pesetas que ingresará en la cuenta corriente de DON ...

En ... [lugar], a ... [fecha].

Firma abogado   Firma procurador
Colegiado n.°   Colegiado n.°

DEMANDA DE MODIFICACIÓN
DE MEDIDAS ADOPTADAS EN SENTENCIA

AL JUZGADO

DON ..., Procurador de los Tribunales y de DON ..., según acredito mediante escritura de poder que, debidamente bastanteada acompaño, ante el juzgado comparezco y como mejor proceda en derecho,

DIGO:

Que mediante el presente escrito y en la representación que ostento, formulo DEMANDA DE MODIFICACIÓN DE MEDIDAS, contra DOÑA ..., con domicilio en ..., demanda que baso en los siguientes

HECHOS

PRIMERO.– DON ... y DOÑA ... se hallan divorciados en virtud de sentencia de fecha ..., dictada por el Juzgado de Primera Instancia n.º ... de ..., divorcio n.º ... [datos del procedimiento correspondiente], la cual disponía, entre otros pronunciamientos, el siguiente.

DON ... abonará en concepto de alimentos en favor de sus hijos ... y ..., mensualmente y dentro de los cinco primeros días de cada mes, la suma de 40.000 pesetas para cada uno de ellos, cantidad que será actualizada anualmente conforme al IPC que publique el Instituto Nacional de Estadística.

Se acompaña del documento n.º 1, certificación de la indicada sentencia.

SEGUNDO.– Que las circunstancias económicas de DON ..., así como las necesidades de SUS hijos ... y ... han variado en el tiempo, siendo diversas al momento actual a las vigentes en al dictarse la resolución indicada.

Al declararse el divorcio de los SRES. ... y ..., el esposo, DON ..., percibía unos ingresos mensuales de ... pesetas fruto de su actividad laboral.

En la actualidad, DON ... se halla jubilado y ha visto reducidos sus ingresos a la cantidad mensual de ...

Por otro lado, su hijo ..., que en el momento de decretarse el divorcio era menor de edad, en la actualidad tiene 23 años, habiéndose incorporado al mundo laboral, trabajando en la empresa ... y cobrando un salario con el que se sustenta.

TERCERO.– De los hechos relatados se evidencia una variación sustancial de las circunstancias que motivaron la sentencia de divorcio, tanto en cuanto a las posibilidades del obligado al pago, DON..., como a las necesidades de su perceptor, en este caso de ...

Ello debe sin duda implicar una modificación de las medidas adoptadas en su momento, solicitando esta parte que suprima el derecho de ... a percibir cantidad alguna en concepto de alimentos, reduciéndose el importe de dicha pensión a abonar por DON ... en favor de ... en la cantidad de 25.000 pesetas, cantidad que será actualizada anualmente conforme a las variaciones del IPC.

A los anteriores hechos son de aplicación los anteriores

FUNDAMENTOS DE DERECHO

[Como en los casos precedentes, en este apartado se indicarán los preceptos legales en los que basemos nuestras pretensiones.]

En su virtud,

AL JUZGADO SUPLICO se sirva admitir este escrito, con sus documentos y copias de los mismos, teniéndome por parte en la representación acreditada, y por formulada demanda de modificación de medidas contra DOÑA ..., y previos los oportunos trámites legales, se dicte sentencia acordándose suprimir la pensión de alimentos a abonar por DON ... a su hijo ... y reducir la que correspondiente a ... a la suma de 25.000 pesetas, que será actualizada anualmente conforme a las variaciones del IPC.

En ... [lugar], a ... [fecha].

Firma abogado
Colegiado n.º

Firma procurador
Colegiado n.º

Glosario

Abogado o letrado. Es aquel profesional que tiene por misión asesorar y defender ante los tribunales los intereses que tenga su cliente.

Hay que tener en cuenta que el abogado defiende, pero no representa a su cliente. Dicha representación, la ley la confiere al procurador, quien por otro lado no defenderá al cliente.

Apud Acta. Comparecencia del cliente ante el juzgado para manifestar su deseo de que le represente un procurador determinado.

Declaración de fallecimiento. Transcurrido un determinado periodo de tiempo desde que una persona ha desaparecido sin dejar noticias, se podrá instar un procedimiento judicial con el objeto de declararle fallecido, momento a partir del cual podrá procederse al reparto de su herencia. Los plazos para instar dicha declaración de fallecimiento variarán en función de la edad (mayor o menor de 65 años), del ausente y de las circunstancias en que desapareció (accidente aéreo, terremoto, etc.).

Demanda. Escrito inicial por el que se da comienzo un procedimiento judicial (civil).

Derecho de suscripción preferente. Es el derecho que tiene el socio de poder suscribir nuevas acciones ante una ampliación de capital de la sociedad de la cual ostenta dicha condición de socio, con preferencia a otras personas no socias.

Derecho de usufructo. Es el derecho que ostenta determinada persona (llamada *usufructuaria*) a hacer uso de un bien del que no es propietaria ella sino otra persona diferente. Mientras dure el usufructo, el propietario del bien no tendrá derecho a usarlo.

El usufructo puede ser temporal (durará un determinado plazo, el que pacten las partes) o vitalicio (hasta que fallezca el usufructuario).

Donaciones realizadas por razón de matrimonio. Donaciones que cualquier persona hace antes de celebrarse un determinado matrimonio, en consideración al mismo y en favor de uno o de los dos esposos.

Emancipación. Es el momento a partir del cual la persona pasa a gozar de la plenitud de derechos civiles que el ordenamiento jurídico contempla. La emancipación se produce cuando la persona alcanza los dieciocho años de edad. Sin embargo, en determinados supuestos, la emancipación puede producirse con anterioridad a ese momento (aunque algunos de los derechos civiles seguirán todavía limitados hasta cumplir dieciocho años). Las emancipaciones anteriores a cumplir los dieciocho años se producirán por decisión judicial; por decisión de los padres, cuando los hijos tengan más de dieciséis años, o por matrimonio del menor (previa dispensa del impedimento que supone casarse antes de los dieciocho años de edad).

Escritura de poder. Formalización por parte del cliente ante un notario de un documento (escritura de poder) en virtud del cual se concede la representación al procurador escogido.

Escritura pública. Documento firmado por una o varias personas ante un notario, cumpliendo determinadas formalidades que tienen por finalidad garantizar la autenticidad del otorgamiento o realización del mismo. Será preciso formalizar en escritura pública aquellas disposiciones o acuerdos que se pretendan presentar ante el Registro de la Propiedad o el Registro Mercantil.

Jurisprudencia. Es la orientación o criterios que se desprenden de las sentencias de los jueces. Cuando un alto tribunal dicta reiteradas sentencias en un sentido similar, podemos entender que está creando jurisprudencia, la cual nos servirá para conocer los parámetros que se aplican judicialmente a un problema legal, parecido al que se nos puede plantear en un determinado momento.

Ministerio fiscal. Representante del Estado que estará habilitado para intervenir en determinados procesos judiciales, además de las propias partes directamente implicadas. En los procedimientos matrimoniales su presencia vendrá a garantizar la defensa de los intereses de los hijos menores de edad o incapacitados.

Oficio, de. Por propia decisión del juez. Los tribunales, en algunas ocasiones, podrán actuar por propia iniciativa y en algunas otras únicamente podrán hacerlo previa petición de alguna de las partes del procedimiento. En el primer caso diremos que el juez actúa de oficio; en el segundo, que actúa a instancia de parte.

Parte. Los procedimientos judiciales suponen la existencia, como mínimo, de una persona que reclama frente a otra. A estas dos personas, cuyos intereses contrapuestos se defenderán durante el procedimiento judicial, las llamaremos *partes procesales*. En derecho matrimonial, cada uno de los esposos será una parte procesal distinta (salvo, como ya se verá, en demandas que se hagan de mutuo acuerdo).

Poder de representación. Es aquella declaración unilateral efectuada por una persona en virtud de la cual otorga determinadas facultades a otra, pudiendo esta última obligarse frente a terceras personas en nombre de la primera y en los términos previstos en la mencionada declaración unilateral.

Procurador. Es aquel profesional que ostentará la representación de su cliente frente a los tribunales. El juzgado notificará sus resoluciones a cada una de las partes a través de su procurador, pudiendo este actuar igualmente en nombre de su cliente cuando este no esté presente.

Registro Civil. Archivo a cargo de un juez municipal en el que se inscriben o anotan los nacimientos, matrimonios, separaciones, divorcios, incapacitaciones, defunciones y demás actos relativos al estado civil de las personas.

Registro Mercantil. Archivo oficial en el que se inscriben los comerciantes, ya sean personas físicas (de carne y hueso) o personas jurídicas (sociedades mercantiles: sociedad anónima, sociedad limitada, etc.), así como los hechos realizados por los mismos que tienen trascendencia legal para las relaciones comerciales o mercantiles.

Registro de la Propiedad. Archivo oficial en que se inscriben o anotan las situaciones jurídicas (compras, ventas, hipotecas, etc.) que afectan a los bienes inmuebles.

Sentencia firme. Aquella sentencia definitiva contra la que no cabe interponer recurso alguno.